한 권으로 읽는 **청록파** 青鹿派

한 권으로 읽는

박목월
박두진
조지훈

청록파
靑鹿派

(사)한국문인협회 남양주지부 編

수문

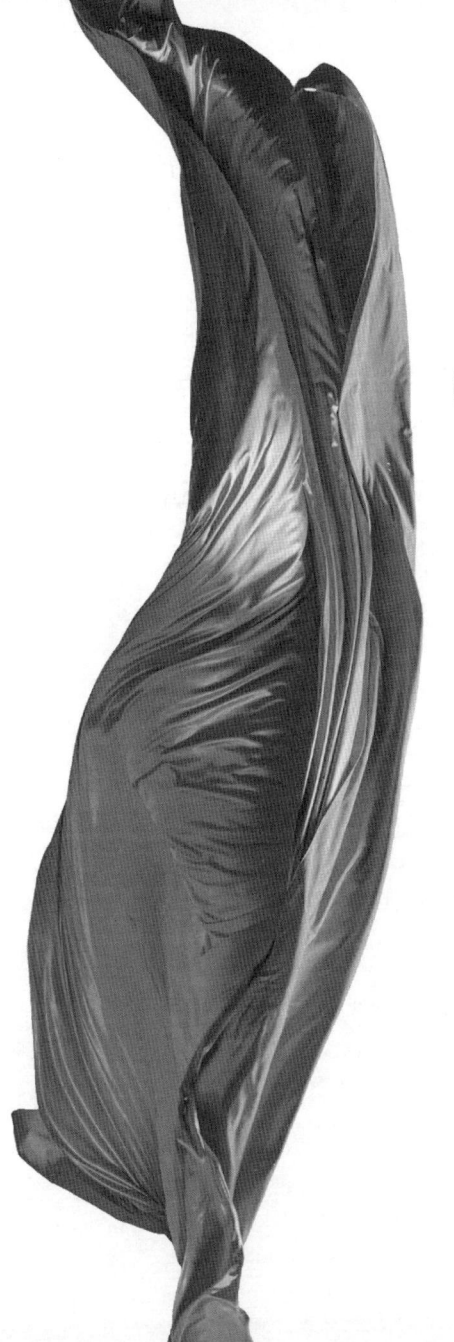

Part. 1
청록집(靑鹿集)

제1부 — 박목월

임 • 014 윤사월(閏四月) • 015 삼월(三月) • 016 青노루 • 017
갑사댕기 • 018 나그네 • 019 달무리 • 020 박꽃 • 021
길처럼 • 022 가을 어스름 • 023 연륜(年輪) • 024
귀밑 사마귀 • 025 춘일(春日) • 026 산이 날 에워싸고 • 027
산그늘 • 028

제2부 — 박두진

향현(香峴) • 032 묘지송(墓地頌) • 033 도봉(道峯) • 034 별 • 036
흰 장미와 백합꽃을 흔들며 • 038 연륜(年輪) • 039 숲 • 041
푸른 하늘 아래 • 043 설악부(雪岳賦) • 045 푸른 숲에서 • 047
어서 너는 오너라 • 049 장미(薔薇)의 노래 • 051

제3부 — 조지훈

봉황수(鳳凰愁) • 056 고풍의상(古風衣裳) • 057 무고(舞鼓) • 058
낙화(落花) • 059 피리를 불면 • 061 고사(古寺) 1 • 063
고사(古寺) 2 • 064 완화삼(玩花衫) • 065 율객(律客) • 067
산방(山房) • 069 파초우(芭蕉雨) • 071 승무(僧舞) • 072

Part. 2
청록집(靑鹿集) 이후 초기 작품

제1부 — 박목월 『산도화(山桃花)』

달 • 078   산도화(山桃花) 1 • 079   산도화(山桃花) 2 • 080

산도화(山桃花) 3 • 081   해으름 • 083   임에게 1 • 084

임에게 2 • 085   임에게 3 • 086   임에게 4 • 087   靑밀밭 • 088

제2부 — 박두진 『해』

해 • 090   들려 오는 노래 있어 • 091   해의 품으로 • 093

낙엽송(落葉松) • 095   샘이 솟아 • 096   靑山道(청산도) • 098

숲 • 100   毘盧峯(비로봉) • 102   햇볕살 따실 때에 • 105

하늘 • 107   오월(五月)에 • 109   새벽 바람에 • 111   바다 1 • 113

바다 2 • 114

제3부 — 조지훈 『풀잎단장(斷章)』

아침 • 118   산(山)길 • 119   그리움 • 120   절정(絶頂) • 121

풀밭에서 • 123   묘망(渺茫) • 124   밤 • 125   달밤 • 126

암혈(岩穴)의 노래 • 127   창(窓) • 129   풀잎단장(斷章) • 131

사모(思慕) • 132   석문(石文) • 134   앵음설법(鶯吟說法) • 136

가야금(伽倻琴) • 137   산(山) • 140   도라지꽃 • 141

낙엽(落葉) • 142   倚樓吹笛[피리를 불면] • 144   송행(送行) • 146

Part. 3
청록파 시인들의 현실 참여시

제1부 — 박두진 『거미와 성좌』

돌의 노래 • 152 산맥(山脈)을 간다 • 155 바다의 靈歌(영가) • 157
거미와 성좌(星座) • 162 봄에의 橄(격) • 171 항거설 • 177
바다가 바라뵈는 언덕의 풀밭 • 179 꽃과 항구(港口) • 181
젊은 죽음들에게 • 183 우리들의 깃발을 내린 것이 아니다 • 186
강 2 • 190 갈보리의 노래 1 • 192 갈보리의 노래 2 • 194
갈보리의 노래 3 • 195 시인공화국(詩人共和國) • 197

제2부 — 조지훈 『역사 앞에서』

눈 오는 날에 • 206 동물원의 오후(動物園의 午後) • 208
산상의 노래(山上의 노래) • 210 역사(歷史) 앞에서 • 212
절망의 일기(絶望의 日記) • 213 전선의 서(戰線의 書) • 222
풍류병영(風流兵營) • 224 다부원(多富院)에서 • 226
서울에 돌아와서 • 228 봉일천 주막에서(奉日川 酒幕에서) • 233
패강무정(浿江無情) • 234 종로에서(鐘路에서) • 236
이날에 나를 울리는 • 238 불타는 밤거리 • 240 비혈기(鼻血記) • 242

제3부 — 조지훈 『여운(餘韻)』

설조(雪朝) • **246**　여운(餘韻) • **248**　범종(梵鐘) • **251**
꿈 이야기 • **252**　추일단장(秋日斷章) • **254**
폼페이 유감(有感) • **258**　소리 • **263**　터져 오르는 함성(喊聲) • **266**
사랑하는 아들딸들아 • **269**　늬들 마음을 우리가 안다 • **273**
그 날의 분화구(噴火口) 여기에 • **278**

Part. 4
청록파 시인들의 산문

제1부 — 박목월 『나의 문학여정』

문단 데뷔 전후 • **284**   지훈과 나 • **288**   학 같던 두진 • **294**
『청록집』 출판 기념회 • **298**   1950. 6. 25. • **302**
때 아닌 입영 • **306**   시지프스의 형벌 • **309**
지훈의 마지막 모습 • **312**

제2부 — 조지훈 『조지훈의 산문』

무국어(撫菊語) • **318**   돌의 미학 • **320**
방우산장기(放牛山莊記) • **330**   술은 인정이라 • **333**
주도유단(酒道有段) • **337**   포호삼법(捕虎三法) • **343**
지조론(志操論) • **346**   여름 방학엔 무엇을 할까 • **357**
청춘의 특권을 남용하지 말라 • **360**   대학이란 이런 곳이다 • **369**
우익좌파(右翼左派) • **373**   호상비문(虎像碑文) • **376**

청록파의 문학사적 의미망

—최동호(고려대학교 명예교수, 대한민국 예술원 회원) • **380**

박목월
박두진
조지훈

Part. 1

청록집
青鹿集

Part. 1 — 청록집靑鹿集

제1부

박목월

임

내사 애달픈 꿈꾸는 사람
내사 어리석은 꿈꾸는 사람

밤마다 홀로
눈물로 가는 바위가 있기로

기인 한 밤을
눈물로 가는 바위가 있기로

어느 날에사
어둡고 아득한 바위에
절로 임과 하늘이 비치리오.

윤사월(閏四月)

송홧(松花)가루 날리는
외딴 봉우리

윤사월 해 길다
꾀꼬리 울면

산직이 외딴 집
눈먼 처녀사

문설주에 귀 대이고
엿듣고 있다

삼월(三月)

芳草峰 한나절
고운 암노루

아랫 마을 골작에
홀로 와서

흐르는 냇물에
목을 추기고

흐르는 구름에
눈을 씻고

열 두 고개 넘어 가는
타는 아지랑이

靑노루

머언 산 청운사(靑雲寺)
낡은 기와집

산은 자하산(紫霞山)
봄눈 녹으면

느릅나무
속잎 피어 가는 열두구비를

청노루
맑은 눈에

도는
구름

갑사댕기

안개는 피어서
江으로 흐르고

잠꼬대 구구대는
밤 비둘기

이런 밤엔 저절로
머언 처녀들———

갑사댕기 남끝동
삼삼하고나

갑사댕기 남끝동
삼삼하고나

나그네

―술 익는 강마을의 저녁노을이여 ― 지훈(芝薰)

江나루 건너서
밀밭 길을

구름에 달 가듯이
가는 나그네

길은 외줄기
남도(南道) 삼백(三百) 리(里)

술 익는 마을마다
타는 저녁놀

구름에 달 가듯이
가는 나그네

달무리

달무리 뜨는
달무리 뜨는
외줄기 길을
홀로 가노라
나 홀로 가노라
  옛날에도 이런 밤엔
  홀로 갔노라

맘에 솟는 빈 달무리
둥둥 띄우며
나 홀로 가노라
울며 가노라
  옛날에도 이런 밤엔
  울며 갔노라

박꽃

흰 옷자락 아슴아슴
사라지는 저녁답[1]

썩은 초가지붕에
하얗게 일어서
가난한 살림살이
자근자근 속삭이며
박꽃아가씨야
박꽃아가씨야
짧은 저녁답을
말없이 울자

---

1 저녁답: 저녁때의 경남방언

길처럼

머언 산 구비구비 돌아갔기로
山구비마다 구비마다
절로 슬픔은 일어……

뵈일 듯 말듯한 산길
산울림 멀리 울려나가다
산울림 홀로 돌아나가다
……어쩐지 어쩐지 울음이 돌고
생각처럼 그리움처럼……

길은 실낱 같다

가을 어스름

서늘한 그늘 한나절
저물을 무렵에
머언 산 오리목 산길로
살살살 날리는 늦가을 어스름

숱한 콩밭머리 마다
가을 바람은 타고
청석 돌담 가에로
구구구 저녁 비둘기

김장을 뽑는 날은
저녁 밥이 늦었다
가느른 가느른 들길에
머언 흰 치맛자락
사라질듯 질듯 다시 뵈이고
구구구 구구구 저녁 비둘기

연륜(年輪)

슬픔의 씨를 뿌려 놓고 가버린 가시내는 영영 오지를 않고……
한 해 한 해 해가 저물어 질(質) 고운 나무에는
가느른 가느른 핏빛 연륜(年輪)이 감기었다…….
(가시내사 가시내사 가시내사)

목이 가는 소년(少年)은 늘 말이 없이 새까아만 눈만 초롱초롱 크고……
귀에 쟁쟁쟁 울리 듯 참아 못잊는 사투리
연륜(年輪)은 더욱 샛빨개졌다.
(가시내사 가시내사 가시내사)

이제 소년(少年)은 자랐다.
구비구비 흐르는 은하수에 슬픔도 세월도 흘렀건만
먼 수풀 질(質)고운 나무에는 상기 가느른 핏빛 연륜(年輪)이 감긴다…….
(가시내사 가시내사 가시내사)

귀밑 사마귀

잠자듯 고운 눈썹 위에
달빛이 나린다.
눈이 쌓인다.
옛날의 슬픈
피가 맺힌다.

어느 강(江)을 건너서
다시 그를 만나랴
살눈섭 길슴한
옛 사람을

산(山)수유꽃 노랗게
흐느끼는 봄마다
도사리고 앉힌 채
도사리고 앉힌 채
울음 우는 사람
귀 밑 사마귀

춘일(春日)

여기는 경주
신라 천년……
타는 저녁노을

아지랑이 아른대는
머언 길을
봄 하로 더딘 날
꿈을 따라 가면은

석탑(石塔) 한 채 돌아서
향교 문 하나
단청(丹靑)이 낡은 대로
닫혀 있었다.

산이 날 에워싸고
—남령(南嶺)에게

산이 날 에워싸고
씨나 뿌리고 살아라 한다.
밭이나 갈고 살아라 한다.

어느 산자락에 집을 모아
아들 낳고 딸을 낳고
흙담 안팎에 호박 심고
들찔레처럼 살아라 한다.
쑥대밭처럼 살아라 한다.

산이 날 에워싸고
그믐달처럼 사위어지는 목숨
구름처럼 살아라 한다
바람처럼 살아라 한다

산그늘

장독 뒤 울밑에
목단(牧丹)꽃 오무는 저녁답
대과목(大果木) 새순밭에
산그늘이 내려왔다
워어어임아 워어어임[2]

길 잃은 송아지
구름만 보며
초저녁 별만 보며
밟고 갔나베
무질레밭 약초(藥草)길
워어어임아 워어어임

휘휘휘 비탈길에
저녁놀 곱게 탄다
황토 먼 산길이사
피 먹은 허리띠

---

2   워어어임: 경상도에서 멀리 송아지를 부르는 소리

워어어임아 워어어임

젊음도 안타까움도
흐르는 꿈일다³

애달픔처럼 애달픔처럼 아득히
상기 산그늘은 나려간다
워어어임아 워어어임

---

3 꿈일다: 꿈이로다. '일다'는 '-이로다'의 준말이다.

Part. 1 — 청록집靑鹿集

제2부

박두진

향현(香峴)

  아랫도리 다박솔[4] 깔린 산(山) 넘어, 큰산(山) 그 넘어 산(山) 안 보이어, 내 마음 등등 구름을 타다.

  우뚝 솟은 산(山) 묵중히 엎드린산(山), 골골이 장송(長松)들어섰고, 머루 다래넝쿨 바위 엉서리[5]에 얽혔고, 샅샅이 떡깔나무 억새풀 우거진 데, 너구리, 여우, 사슴, 사토끼, 오소리, 도마뱀, 능구리 등(等) 실로 무수한 짐승을 지니인

  산(山), 산(山), 산(山)들! 누거만년(累巨萬年)[6] 너희들 침묵(沈默)이 흠뻑 지리함 즉 하매,

  산(山)이여! 장차 너희 솟아난 봉우리에 엎드린 마루에 확확 치밀어 오를 화염을 내 기다려도 좋으랴!

  핏내를 잊은 여우 이리 등속이, 사슴 토끼와 더불어 싸리순 칡순을 찾아 함께 즐거이 뛰는 날을 믿고, 길이 기다려도 좋으랴?

---

4 다복솔의 북한어, 가지가 탐스럽고 소복하게 많이 퍼진 어린 소나무
5 엉서리: 벼랑의 제주 방언
6 누거만년: 아주 오랜 세월

묘지송(墓地頌)

북망(北邙)이래도 금잔디 기름진데 동그만 무덤들 외롭지 않어이.

무덤 속 어둠에 하이얀 촉루가 빛나리. 향기로운 주검의 내도 풍기리.

살아서 설던 주검 죽었으매 이내 안 서럽고, 언제 무덤 속 환안히 비쳐줄 그런 태양(太陽)만이 그리우리.

금잔디 사이 할미꽃도 피었고, 뻐이 뻐이 배, 뱃종! 뱃종! 멧새들도 우는데, 봄볕 포근한 무덤에 주검들이 누웠네.

도봉(道峯)

산(山)새도 날러와
우짖지 않고,

구름도 떠가곤
오지 않는다.

인적 끊인 듯,
홀로 앉은
가을 산(山)의 어스름.

호오이 호오이 소리 높여
나는 누구도 없이 불러 보나,

울림은 헛되이
빈 골 골을 되돌아올 뿐.

산(山)그늘 길게 늘이며
붉게 해는 넘어 가고

황혼과 함께
이어 별과 밤은 오리니,

생(生)은 오직 갈수록 쓸쓸하고,
사랑은 한갓 괴로울 뿐.

그대 위하여 나는 이제도 이
긴 밤과 슬픔을 갖거니와,

이 밤을 그대는 나도 모르는
어느 마을에서 쉬느뇨.

별

―금강산시(金剛山詩) 3

아아 아득히 내 첩첩한 산(山)길 왔더니라. 인기척 끊이고 새도 짐승도 있지 않은 한낮 그 화안한 골길을 다만 아득히 나는 머언 생각에 잠기여 왔더이라

백화(白樺) 앙상한 사이를 바람에 백화(白樺) 같이 불리우며 물소리에 흰 돌되어 씻기우며 나는 총총히 외롬도 잊고 왔더니라

살다가 오래여 삭은 장목들 흰 팔 벌이고 서 있고 풍운에 깎이어 날선 봉우리 훌훌훌 창천(蒼天)에 흰구름 날리며 섰더니라

쏴아― 한종일내― 쉬지 않고 부는 물소리 안은 바람소리 … 구월(九月) 고운 낙엽(落葉)은 날리여 푸른 담(潭)위에 흐르르르 낙화(落花)같이 지더니라.

어젯밤 잠자던 동해안(東海岸) 어촌(漁村) 그 검푸른 밤하늘에 나는 장엄히 뿌리어진 허다한 바다의 별들이 보았느니.

이제 나의 이 오늘밤 산장(山莊)에도 얼어 붙는 바람 속 우러르는 나

의 하늘에 별들은 쏠리며 다시 꽃과 같이 난만(爛漫)하여라.

흰 장미(薔薇)와 백합(百合)꽃을 흔들며

눈 같이 흰 옷을 입고 오십시요.
눈 위에 활짝 햇살이 부시듯
그렇게 희고 옷을 입고 오십시요.

달 밝은 밤 있는 것 다아 잠들어
괴괴—한 보름밤에 오십시요…. 빛을 거느리고 당신이 오시면,
밤은 밤은 영원(永遠)히 물러간다 하였으니,
어쩐지 그 마지막 밤을 나는, 푸른 달밤으로 보고 싶습니다.
푸른 월광(月光)이 금시에 활닥 화안한 다른 광명(光明)으로 바꾸어지는,
그런, 장엄하고 이상한 밤이 보고 싶습니다.

속히 오십시요. 정녕 다시 오시마 하시었기에,
나는, 피와 눈물의 여러 서른 사연을 지니고 기다립니다.

흰 장미(薔薇)와 백합(百合)꽃을 흔들며 맞으오리니, 반가워, 눈물 머금고 맞으오리니, 당신은, 눈같이 흰 옷을 입고 오십시요.
눈 위에 활작 햇살이 부시듯, 그렇게, 희고 빛나는 옷을 입고 오십시요.

연륜(年輪)

소나무와 갈나무와 사시나무와 함께 나는 산다.
억새와 칡덤불과 가시 사이에 서서
머언 떠나가는 구름을 손짓하며, 뜻없는 휘휘로운 바람에 불리우며,
우로(雨露)와 상설(霜雪)에도 그대로 헐벗고, 창궁(蒼穹)과 일월과 다만
머언 그 성진(星辰)들을 우러르며 나는 자랐다.

봄 가고, 가을 가는 동안, 뻐꾹새며 꾀꼬리며, 접동새도 와서 울고,
다람쥐며 산토끼며, 사슴도 와 놀고 하나,
아침에 뛰놀던 어린 사슴이 저녁에 이리에게 무찔림도 보곤 한다.
때로—초부(樵夫)의 날선 낫이, 내 애끼는 가지를 찍어가고,
푸른 도끼날이 내 옆에 나무와 번뜩이나, 내가 이 땅에 뿌리를 박고
하늘을 바라보며 서 있는 날까지는,
내 스스로 더욱 빛내야 할 나의 세기(世紀)……

푸른 가지는 위로 더욱 하늘을 바뜰어 올라가고,
돌사닥 사이를 뿌리는
깊이 지심(地心)으로 지심으로 뻗으며,

언제나 티어질, 그 찬란한 크낙한 아침을 위하여,

일월을 우러러
성진을 우러러,
다만 여기
한 이름 없는 산기슭에, 퍼지는 파문처럼
작고 내 고운 연륜(年輪)은 늘어 간다.

숲

푸른 넝쿨들은
늙은 정정한 나무를 감으며
더 높은 하늘을 만져 보기 위하여
위으로 위으로 손을 뻗쳐 기어 오르고

골짜구니 샘물은 넘쳐흘러
언젠가 꿈꾸던
먼 망망한 바다의 아침의 해후를 위하여
낮은 데로 낮은 데로 지줄되며 내려간다.

나래 고운 새들은
오늘의 사랑과
어쩌지 못할 슬픔과 즐거움을 감추지 못해
가지에서 잔 가지로 날으며 울고

습습한 그늘
나무와 그늘과 나무 그늘 푸섶에선
달팽이는 이제야 뿔을 쫑겨
그 무거운 짐을 지고 늦으막한 여행길에 오르고

배암은 그늘에 숨어 사래쳐 도사리고
누군가를 저주하고 혀를 갈라 날름대고
달변을 연습하고 독의 꽃을 마련한다.

양지쪽 다람쥐는
그 저지른 스스로의 잘못을
꾸며서 가리우기 위하여 알랑달랑 바쁘고

풀버러지는, 풀버러지는
낮에도 밤에도 다만
가늘고 선량한 노래의 선율을 울릴 뿐이다.

푸른 하늘 아래

내게로 오너라. 어서 너는 내게로 오너라. —불이 났다. 그리운 집들이 타고, 푸른 동산, 난만한 꽃밭이 타고, 이웃들은, 이웃들은, 다 쫓기어 울며 울며 흩어졌다. 아무도 없다.

이리들이 으르댄다. 양떼가 무찔린다. 이리들이 으르대며, 이리가 이리로 더불어 싸운다. 살점들을 물어 뗀다. 피가 흐른다. 서로 죽이며 자꾸 서로 죽는다. 이리는 이리로 더불어 싸우다가, 이리는 이리로 더불어 멸하리라.

처참한 밤이다. 그러나 하늘엔 별—별들이 남아 있다. 날마다 아직은 해도 돋는다. 어서 오너라.…… 황폐한 땅을 새로 파 이루고, 너는 나와 씨앗을 뿌리자. 다시 푸른 산을 이루자. 붉은 꽃밭을 이루자.

정정한 푸른 장생목도 심그고, 한철 났다 스러지는 일년초도 심그자. 잣나무, 오얏, 복숭아도 심으고, 들장미, 석죽, 산국화도 심으자, 싹이 나서 자라면, 이어, 붉은 꽃들이 피리니……

새로 푸른 동산에 금빛 새가 날아오고, 붉은 꽃밭에 나비 꿀벌떼가 날아 들면, 너는, 아아, 그때 나와 얼마나 즐거우랴. 섧게 흩어졌던 이

옷들이 돌아오면, 너는 아아 그때 나와 얼마나 즐거우랴. 푸른 하늘, 푸른 하늘 아래 난만한 꽃밭에서, 꽃밭에서, 너는, 나와, 마주, 춤을 추며 즐기자. 춤을 추며, 노래하며 즐기자. 울며 즐기자.……어서 오너라.……

설악부(雪岳賦)

1

부여 안은 치맛자락, 하얀 눈바람이 흩날린다. 골이고 봉우리고 모두 눈에 하얗게 뒤덮었다. 사뭇 무릎까지 빠진다. 나는 예가 어디 저 북극(北極)이나 남극(南極)그런데로도 생각하며 걷는다.

파랗게 하늘이 얼었다. 하늘에 나는 후— 입김을 뿜어 본다. 스러지며 올라간다.
고요— 하다. 너무 고요하여 외롭게 나는 태고(太古)! 태고(太古)에 놓여있다.

2

왜 이렇게 자꾸 나는 산(山)만 찾아 나서는겔가?—내 영원(永遠)한 어머니……. 내가 죽으면 백골(白骨)이 이런 양지짝에 묻힌다. 외롭게 묻어라

꽃이 피는 때, 내 푸른 무덤엔, 한포기 하늘빛 도라지꽃이 피고, 거기 하나 하얀 山나비가 날려라. 한마리 멧새도 와 울어라. 달밤엔 두견(杜鵑)! 두견(杜鵑)도 와 울어라.

언제 새로 다른 태양(太陽), 다른 태양(太陽)이 솟는 날 아침에, 내가

다시 무덤에서 부활(復活)할것도 믿어본다.

3
나는 눈을 감아본다. 순간(瞬間) 번뜩 영원(永遠)이 어린다……. 인간(人間)들! 지금 이 땅위에서 서로 아우성 치는 수(數) 많은 인간(人間)들이, 그래도 멸(滅)하지 않고 오래 오래 세대(世代)를 이어 살아갈 것을 생각한다.

우리 족속(族屬)도 이어 자꾸 나며 죽으며, 멸(滅)하지 않고, 오래 오래 이 땅에서 살아갈 것을 생각한다.

언제 이런 설악(雪嶽)까지 왼통 꽃동산이 되어, 우리가 모두 서로 노래치며, 날뛰며, 진정 하로 화창(和暢)하게 살아볼 날이, 그립다. 그립다.

푸른 숲에서

찬란한 아침 이슬을 차며
나는 풀숲 길을 간다.
영롱한 이슬이 내 가벼운
발치에 부서지고.
불어오는 아침 바람——산듯한
풀 냄새에 가슴이 트인다.

들장미 해당화(海棠花)
시새워 피고, 꾀꼬리랑 모두 호사스런 산새들이
자꾸 나를 따라오며 울어준다.
머~언 산엔 아웅아웅
뻐꾹새가 울고————.

————금으로 만든 날갯쭉지 …… 나는 이런 풀숲에 떨어졌을
금 날개죽지를 생각하며, 옛날 어릴적 동화가 그립다.
———— 쫓겨난 왕자와 공주의 이야기 ……

떨기 고운 들장미를 꺾어
나는 훈장처럼 가슴에 달아본다.

흐르는 물소리와
산드러운 바람결
가도 가도 싫지 않은
푸른 숲속 길.

아무도 나를 알아 찾아주지 않아도
내사 이제 새삼 외로울 일 없어 …

오월의 하늘은
가을 보다도 맑고

보이는 것은 다 나의 청산
보이는 것은 다아 나의 하늘이로세.

어서 너는 오너라

 복사꽃이 피었다고 일러라. 살구꽃도 피었다고 일러라. 너희 오오래 정들이고 살다 간 집, 함부로 함부로 짓밟힌 울타리에, 앵두꽃도 오얏꽃도 피었다고 일러라. 낮이면 벌떼와 나비가 날고, 밤이면 소쩍새가 울더라고 일러라.

 다섯 뭍과 여섯 바다와, 철이야. 아득한 구름 밖, 아득한 하늘가에, 나는 어디로 향을 해야 너와 마주 서는 게냐.

 달 밝으면 으레 뜰에 앉아 부는 내 피리의 서른 가락도 너는 못 듣고, 골을 헤치며 산에 올라 아침마다, 푸른 봉우리에 올라서면, 어어이 어어이 소리 높여 부르는 나의 음성도 너는 못 듣는다.

 어서 너는 오너라. 별들 서로 구슬피 헤어지고, 별들 서로 정답게 모이는 날, 흩어졌던 너이 형 아우 총총히 돌아오고, 흩어졌던 네 순이도 누이도 돌아오고, 너와 나와 자라난, 막쇠도 돌이도 복술이도 왔다.

 눈물과 피와 푸른 빛 깃발을 날리며 오너라. ──────비둘기와 꽃다발과 푸른 빛 깃발을 날리며 너는 오너라.──────

복사꽃 피고, 살구꽃 피는 곳, 너와 나와 뒤놀며 자라난, 푸른 보리밭에 남풍은 불고, 젖빛 구름, 보오얀 구름 속에 종달새는 운다. 기름진 냉이꽃 향기로운 언덕, 여기 푸른 잔디밭에 누워서, 철이야, 너는 늴늴늴 가락 맞춰 풀피리나 불고, 나는, 나는, 두둥실 두둥실 붕새춤 추며, 막쇠와, 돌이와, 복술이랑 함께, 우리, 우리, 옛날을, 옛날을, 뒹굴어보자.

장미(薔薇)의 노래

내 여기 한 이름 없는
작은 마을에 태어나

바람의 토양(土壤)과 부모(父母)와
따사한 햇볕에 안겨 자랐으나

어머니의 젖
달콤한 젖의 품을 벗어나
외따로 걷는 마을길에 서서
처음 우러러 하늘을 볼 때부터

이내 자고새면 그리워 온
머언 그
또 하나 나의 하늘.

바람부는 벌판
두견(杜鵑) 우는 골짝

내 청춘(靑春)은

한 사람 살뜰한 연인(戀人)도 없이
걸어와

눈물은 항시
서럽고 맑은 시(詩)의 이슬로
결정(結晶) 짓고
한숨은 묶어
떠나가는 구름과 바람에 실어
보내며

다만 깊이
내 안에 가꿔온 것
붉은 장미(薔薇)는——

언제 새로 바라는 하늘이 열려
찬찬히 트이는
아침에사 피리라.

다섯 뭍과 여섯 바다에

일제히 인류가 합창(合唱)을 부르는 날

그때사마저 내 또 머언 곳에
외로이 설지라도

나의 시(詩) 아끼는 나의 눈물은
스스로의 장미(薔薇)우에
영롱(玲瓏)히 다시 이슬지어 빛나리라

Part. 1 — 청록집靑鹿集

제3부

조지훈

봉황수(鳳凰愁)

 벌레 먹은 두리 기둥, 빛 낡은 단청(丹靑), 풍경(風磬) 소리 날러간 추녀 끝에는 산새도 비둘기도 둥주리를 마구 쳤다. 큰 나라 섬기다 거미줄 친 옥좌(玉座)위엔 여의주(如意珠) 희롱하는 쌍용(雙龍) 대신에 두 마리 봉황새를 틀어 올렸다.

 어느 땐들 봉황이 울었으랴만, 푸르른 하늘 밑추석(鼇石)을 밟고 가는 나의 그림자. 패옥(佩玉) 소리도 없었다. 품석(品石) 옆에서 정일품(正一品), 종구품(從九品) 어느 줄에도 나의 몸 둘 곳은 바이 없었다. 눈물이 속된 줄을 모를 양이면 봉황새야 구천(九天)에 호곡(呼哭)하리라.

고풍의상(古風衣裳)

하늘로 날을듯이 길게 뽑은 부연끝 풍경이 운다.
처마끝 곱게 늘이운 주렴에 반월(半月)이 숨어
아른아른 봄밤이 두견이 소리처럼 깊어 가는 밤
곱아라 고아라 진정 아름다운지고
파르란 구슬빛 바탕에
자주빛 호장을 받친 호장저고리
호장저고리 하얀 동정이 환하니 밝도소이다.
살같이 퍼져 나린 곧은 선이
스스로 돌아 곡선(曲線)을 이루는 곳
열두폭 기인 치마가 사르르 물결을 친다.
초마끝에 곱게 감춘 운혜(雲鞋) 당혜(唐鞋)
발자취 소리도 없이 대청을 건너 살며시 문을 열고
그대는 어느 나라의 고전(古典)을 말하는 한 마리 호접(胡蝶)
호접(胡蝶)인양 사풋이 춤을 추라 아미(蛾眉)를 숙이고
나는 이 밤에 옛날에 살아
눈 감고 거문고줄 골라 보리니
가는 버들인양 가락에 맞추어
흰 손을 흔들지어이다.

무고(舞鼓)

진주(珍珠) 구슬 오소소 오색 무늬 뿌려 놓고
긴 자락 칠색선(線) 화관(花冠)몽두리.

수정(水晶) 하늘 반월(半月) 속에 채의(彩衣) 입은 아가씨
피리 젓대 고운 노래 잔조로운 꿈을 따라

꽃구름 휘몰아서 발 아래 감고
감은 머리 푸른 수염 네 활개를 휘돌아라.

맑은 소리 품은 고(鼓) 한 송이 꽃을
호접(蝴蝶)의 나래가 싸고 돌더니

풀밭에 앉은 나비 다소곳이 물러가고
꿀벌의 날개 끝에 맑은 청고(鼓)가 운다.

은(銀)무지개 너머로 작은 별 하나
꽃수실 채색 무늬 화관(花冠)몽두리.

낙화(落花)

꽃이 지기로서니
바람을 탓하랴

주렴 밖에 성긴 별이
하나 둘 스러지고

귀촉도 울음 뒤에
머언 산이 다가서다.

촛불을 꺼야 하리
꽃이 지는데

꽃 지는 그림자
뜰에 어리어

하이얀 미닫이가
우련 붉어라.

묻혀서 사는 이의

고운 마음을

아는 이 있을까
저어하노니

꽃이 지는 아침은
울고 싶어라.

피리를 불면

다락에 올라서
피리를 불면

만리(萬里) 구름길에
학(鶴)이 운다

이슬에 함초롬
젖은 풀잎

달빛도 푸른 채로
산을 넘는데

물 위에 바람이
흐르듯이

내 가슴에 넘치는
차고 흰 구름.

다락에 기대어

피리를 불면

꽃비 꽃바람이
눈물에 어리어

바라뵈는 자하산(紫霞山)
열두 봉두리

싸리나무 새순
뜯는 사슴도 운다.

고사(古寺) 1

목어를 두드리다
졸음에 겨워

고오온 상좌아이도
잠이 들었다

부처님은 말이 없이
웃으시는데

서역(西域) 만리(萬里) 길
눈부신 노을 아래
모란이 진다.

고사(古寺) 2

목련(木蓮)꽃 향기로운 그늘 아래
물로 씻은듯이 조약돌 빛나고

흰 옷깃 매무새의 구층탑 위로
파르라니 돌아가는 신라 천년(新羅 千年)의 꽃구름이여

한나절 조찰히 구르던
여흘 물소리 그치고
비인 골에 은은히 울려오는 낮 종소리.

바람도 잠자는 언덕에서 복사꽃잎은
종소리에 새삼 놀라 떨어지노니

무지개빛 햇살 속에
희희한 단청(丹靑)은 말이 없고 ……

완화삼(玩花衫)

—목월(木月)에게

차운산 바위 위에
하늘은 멀어
산새가 구슬피
울음 운다.

구름 흘러가는
물길은 칠백리(七百里)

나그네 긴 소매
꽃잎에 젖어
술 익는 강마을의
저녁 노을이여.

이 밤 자면 저 마을에
꽃은 지리라.

다정하고 한 많음도
병인 양하여
달빛 아래 고요히

흔들리며 가노니 ……

율객(律客)

보리 이삭 밀 이삭
물결치는 이랑 사이
고요한 외줄기 들길 위으로
한낮 겨운 하늘 아래 구름에 싸여
외로운 나그네가 흘러가느니.

우피(牛皮) 쌈지며 대모(玳瑁)안경집이랑
허리끈에 느즉히 매어 두고

간밤 비바람에
그물모시 두루막도 풀이 죽어서
때묻은 버선이랑 곰방대 함께
가벼이 어깨에 둘러메고

서낭당 구슬픈 돌더미 아래
여울물 흐느끼는 바위 가까이
지친 다리 쉬일 젠 두 눈을 감고
귀히 지닌 해금(奚琴)의 줄을 혀느니.

노닥노닥 기워진
흰 저고리 당홍치마
맨발 벗고 따라오던 막내딸년도
오리목(木) 늘어선 산골에다 묻고 왔노라.

솔나무 잣나무 우거진 높은 고개
아스라이 휘도는 길 해가 저물어
사늘한 바람결에 흰 수염을 날리며
서러운 나그네가 홀로 가느니.

산방(山房)

닫힌 사립에
꽃잎이 떨리노니

구름에 싸인 집이
물소리도 스미노라.

단비 맞고 난초 잎은
새삼 치운데

볕바른 미닫이를
꿀벌이 스쳐간다.

바위는 제 자리에
옴쩍 않노니

푸른 이끼 입음이
자랑스러라.

아스럼 흔들리는

소소리바람

고사리 새순이
도르르 말린다.

파초우(芭草雨)

외로이 흘러간
한 송이 구름
이 밤을 어디메서
쉬리라던고

성긴 빗방울
파촛잎에 후두기는 저녁어스름
창 열고 푸른 산과
마주 앉아라

들어도 싫지 않은
물소리기에
날마다 바라도
그리운 산아

온 아침 나의 꿈을
스쳐간 구름
이 밤을 어디메서
쉬리라던고

승무(僧舞)

얇은 사(紗) 하이얀 고깔은 고이 접어서 나빌레라

파르라니 깎은 머리 박사(薄紗) 고깔에 감추오고
두 볼에 흐르는 빛이 정작으로 고와서 서러워라.

빈 대(臺)에 황촉(黃燭)불이 말없이 녹는 밤에
오동잎 잎새마다 달이 지는데

소매는 길어서 하늘은 넓고
돌아설 듯 날아가며 사뿐히 접어 올린 외씨버선이여.

까만 눈동자 살포시 들어
먼 하늘 한개 별빛에 모도우고

복사꽃 고운 뺨에 아롱질 듯 두 방울이야
세사에 시달려도 번뇌(煩惱)는 별빛이라

휘어져 감기우고 다시 접어 뻗는 손이
깊은 마음 속 거룩한 합장(合掌)인양하고

이밤사 귀또리도 지새우는 삼경(三更)인데
얇은 사(紗) 하이얀 고깔은 고이 접어서 나빌레라

Part. 2

청록집靑鹿集 이후
초기 작품

Part. 2 — 청록집青鹿集 이후 초기작품

제1부

박목월
『산도화山桃花』

달

배꽃가지
반쯤 가리고
달이 가네.

경주군(慶州郡) 내동면(內東面)
혹(或)은 외동면(外東面)
불국사 터를 잡은
그 언저리로

배꽃가지
반쯤 가리고
달이 가네.

산도화(山挑花) 1

산(山)은
구강산(九江山)
보랏빛 석산(石山)

산도화(山挑花)
두어 송이
송이 버는데

봄눈 녹아 흐르는
옥(玉) 같은
물에

사슴은
내려와
발을 씻는다.

산도화(山桃花) 2

석산(石山)에는
보라빛 은은한 기운이 돌고

조용한
진종일(盡終日)

그런 날에
산도화(山桃花)

산마을에
물소리

짖어귀는 새소리 묏새소리
산록(山麓)을 내려가면 잦아지는데

삼월(三月)을 건너 가는
햇살아씨

산도화(山桃花) 3

청석(青石)에 어리는
찬물소리

반은 눈이녹은
산(山)마을의 새소리
청전(青田)[7] 산수도에
삼월 한나절

산도화(山桃花)
두어송이

늠름한
품을

산(山)이 환하게
티어 뵈는데

---

7 청전(青田):동양화가 이상범 화백의 호

한 머리 아롱진

운시(韻詩) 한 구(句).

해으름

산(山)
첩첩(疊疊)
쏠리는 구름

잔솔 포기 자라서
영(嶺) 넘어가고

정(情)은 만리(萬里)
해으름 천리(千里)

객주(客主)집 문전(門前)에
초롱이 켜진다

임에게 1

냇사 애달픈 꿈꾸는 사람
냇사 어리석은 꿈꾸는 사람

밤마다 홀로
눈물로 가는 바위가 있기로

긴 한밤을
눈물로 가는 바위가 있기로

어느날에사
어둡고 아득한 바위에
절로 임과 하늘이 비치리

임에게 2

안타까운
마음은

은은히 흔들리는
강나룻배

누구를 사모하는
까닭도 없이

문득 흔들리는
강나룻배

임에게 3

꿈을 꾸네
꿈을 꾸네
대낮에도 구으는
흰 수레바퀴
<u>스스로</u> 사모하는
나의 자리에
가는 숨결 고운 시간 꿈의 자리에
나 홀로 열매 지는 작은 풀 열매

임에게 4

내 색시는 하얀 넋
천만년(千萬年) 달밤

열두 가람 여울목에
스며 우는데

포란 옥(玉) 댓마디에
어리는 날개짓을
아슬한 학(鶴)을

구름 위에
잔잔한 옥피리 소리

청(靑)밀밭

달안개 높이 오르고
청밀밭 산기슭에 밤비둘기
스스로 가슴에 고인 그리움을
아아 밤길을 간다.
풀잎마다 이슬이 앉고
논귓물이 우는 길을
달빛에 하나 하나
꿈을 날리고
그 떠가는 푸른 비둘기……

눈물 어린 눈을
향깃한 달무리를
길은 제대로 숨어버렸다.

Part. 2 — 청록집靑鹿集 이후 초기 작품

제2부

박두진
『해』

해

 해야 솟아라. 해야 솟아라. 말갛게 씻은 얼굴 고운 해야 솟아라. 산 넘어 산 넘어서 어둠을 살라 먹고, 산 넘어서 밤새도록 어둠을 살라 먹고, 이글이글 앳된 얼굴 고운 해야 솟아라.

 달밤이 싫여, 달밤이 싫여, 눈물 같은 골짜기에 달밤이 싫여, 아무도 없는 뜰에 달밤이 나는 싫여……,

 해야, 고운 해야. 늬가 오면 늬가사 오면, 나는 나는 청산이 좋아라. 훨훨훨 깃을 치는 청산이 좋아라. 청산이 있으면 홀로래도 좋아라,

 사슴을 따라, 사슴을 따라, 양지로 양지로 사슴을 따라 사슴을 만나면 사슴과 놀고,

 칡범을 따라 칡범을 따라 칡범을 만나면 칡범과 놀고,……

 해야, 고운 해야. 해야 솟아라. 꿈이 아니래도 너를 만나면, 꽃도 새도 짐승도 한자리 앉아, 워어이 워어이 모두 불러 한자리 앉아 앳되고 고운 날을 누려 보리라.

들려오는 노래 있어

빛 있으라. 빛이 있으라. 빛 새로 밝아 오면 온 산이 너훌에라. 푸른 잎 나무들 온 산이 너훌에라.

빛 밝은 골짜기에 나는 있어라. 볕 쪼이며 볕 쪼이며, 빛 방석 깔고 앉아 나는 있어라.

홀로 내 앉은 자리 풀 새로 돋아나고, 따사한 어깨 위엔 금빛 새 떼 내려앉고, 온 골, 볕 밝은 골마다 핏빛 장미 피어나면! 나는 울어도 좋아라. 새로 푸른 하늘 아래, 내사 홀로 앉아 울어도 좋아라.

줄줄줄 단 샘물에 가슴이 축고, 빛 고은 산열매사 익어가는데, 아, 여기 작고 짐승의 떼 운다기로, 가시풀 난다기로, 내 어찌, 볕 밝은 골을 두고 그늘로야 헤매랴.

난 있어라. 나는 있어라. 별 밝은 골짜기에 홀로 있어라. 너훌대는 청산 속에 나는 있어라. 귀 깊이 기우리면, 머언 가녀린 들려오는 노랫소리……. 아득한 하늘 넘어, 아득히 열려오는 아른대는 빛의 줄기……. 빛 보여, 빛 보여, 나는 있어라.

해의 품으로

해를 보아라. 이글대며 솟아오르는 해를 보아라.
새로 해가 산 너머 솟아오르면, 싱싱한 향기로운 풀밭을 가자.
눈부신 아침 길을 해에게로 가자.

어둠은 가거라. 울음 우는 짐승 같은 어둠은 가거라.
짐승 같이 떼로 몰려 벼랑으로 가거라. 햇볕살 등에 지고 벼랑으로 가거라.

보라. 쏘는 듯 향기로이 피는 저 산꽃들을.
춤추듯 너흘대는 푸른 저 나뭇잎을 영롱히 구슬 빚듯 우짖는 새소리들.
줄줄줄 내려닫는 골푸른 물소리를….
아, 온 산 모두 다 새로 일어나 일제히 수런수런 빛을 받는 소리들…

푸른 잎 풀잎에선 풀잎이 치는 풀잎 소리.
너흘대는 나무에선 잎이 치는 잎의 소리, 맑은 물 시내 속엔 은어 새끼 떼소리…. 던져 있는 돌에선 돌이 치는 물소리

자벌레는 가지에서, 돌찍아빈 밑둥에서,

여어어 잇! 볕 함빡 받아 입고 질러 보는 만세 소리…

온 산 푸른 것. 온 산 생명들의 은은히 또 아 일제히 울려오는 압도하는 노랫소리…

산이여! 너훌대는 나뭇잎 푸른 산이여!

햇볕 살 새로 퍼져 뛰는 아침은 너희 새로 치는 소리에 귀가 열린다.

너희 새로 받는 햇살들에 눈이 밝는다 - 피가 새로 돈다.

울음을 올라갈 듯 온 몸이 울린다. 새처럼 가볍도다…

나는 푸른 아침 길을 가면서… 새로 솟는 해의 품, 해를 향해 가면서…

낙엽송(落葉松)

가지마다 파아란 하늘을
바뜰었다.
파릇한 새순이 꽃보다 고웁다.

청송(靑松)이래도 가을 되면
홀 홀 낙엽(樂葉) 진다 하느니,

봄마다 새로 젊은
자랑이 사랑읍다.

낮에 햇볕 입고
밤에 별이 소올솔 내리는
이슬 마시고,

파릇한 새 순이
여름으로 자란다.

샘이 솟아

물 흘리어라. 머언 푸른 아스라한 열 두 구비,
꽃 붉은 골을 안은 산이여! 산이여!

꽃 붉은 가슴마다 이슬이 맺고, 이슬진 송이마다
꿀물이 흘러……, 별이 오는, 닝닝대는, 꿀벌이
오는 골은, 아어 밝아라. 밝아라.

아침 이슬 꽃이슬은, 새가 짓는 맑은 눈물,
밤 이슬 꽃이슬은, 별이 짓는 맑은 눈물, 꽃심엔
꿀이여! 너의 흘린 피의 이슬, 아어 달아러.
달어라. 달어라.

티끌 바람 불어와도, 샘물은 솟고, 온 꽃
다 져도 청산은 있어, 내 몸 청산 되면 늬가 오는
골짜기……. 아어, 꽃 붉은 골짜기에 샘은 흘러라.
늬가 오는 골짜기에 꿀은 흘러라.

닝닝닝 벌이 돌고 산새가 오고, 낮에도 별이 내려
노닐다 가는, 아어. 산이여! 꽃골짜기 머언 골이여!……

靑山道(청산도)

산아. 우뚝 솟은 푸른 산아. 철철철 흐르듯 짙푸른 산아. 숱한 나무들, 무성히 무성히 우거진 산 마루에, 금빛 기름진 햇살은 내려오고, 둥둥 산을 넘어, 흰구름 건넌자리 씻기는 하늘. 사슴도 안오고 바람도 안 불고, 넘엇골 골짜기서 울어 오는 뻐꾸기······.

산아. 푸른 산아. 네 가슴 향기로운 풀 밭에 엎드리면, 나는 가슴이 울어라. 흐르는 골짜기 스며드는 물 소리에, 내사 줄줄줄 가슴이 울어라. 아득히 가버린 것 잊어버린 하늘과, 아른아른 오지않는 보고싶은 하늘에, 어쩌면 만나도질 볼이 고운 사람이, 난 혼자 그리워라. 가슴으로 그리워라.

티끌 붙는 세상에도 벌레같은 세상에도 눈 맑은, 가슴 맑은, 보고지 운 나의 사람. 달밤이나 새벽녘, 홀로 서서 눈물어릴 볼이고운 나의사람, 달 가고, 밤 가고, 눈물도 가고, 틔어 올 밝은 하늘 빛난 아침 이르면, 향기로운 이슬밭 푸른 언덕을, 총총총 달려도 와줄 볼이 고운 나의 사람.

푸른 산 한나절 구름은 가고, 골 넘어, 골 넘어, 뻐꾸기는 우는데, 눈에 어려 흘러가는 물결 같은 사람 속, 아우성쳐 흘러가는 물결 같은 사람 속에, 난 그리노라. 너만 그리노라. 혼자서 철도 없이 난 너만 그리노라.

숲

진달래 붉게 피고,
두견(杜鵑)새며 녹음(綠陰)따라
꾀꼬리도 와서 울고 하면,
숲은
새색시같이 즐거웠다.

우거진 녹음(綠陰) 위에
오락 가락 검은 구름 떼가 몰리고,
이어 성난 하늘에
우루루루 천둥이 비바람에
파란 벗갯불이 질리고 하면,
숲은 후둘후둘 무서워서 떨었다.
찬 비가 내리곤 하다가
이윽고 하늘에 서릿발이 서고,
찬바람에 우수수 누렁 나뭇잎들이 떨어지며
달밤에 귀뚜라미며 풀벌레들이 울고 하면,
숲은 쓸쓸하여,
숲은, 한숨을 짓곤 짓곤 하였다.

부우연 하늘에서
함박눈이 내리고,
눈 위에 바람이 일어 눈포래가 휩쓸고,
카랑카랑 맵게 칩고,
달이며 별도 얼어 떨고,
부엉이가 와서 울고 하면,
숲은, 옹숭그리며, 오도도 떨며, 참으며,
하얀 눈 위에서 한밤내—울었다.

毘盧峯(비로봉)

1

급한 바람과 구름에 불려 올라왔다. 毘盧峯(비로봉)!… 쒜—쒜—막치 불어 올리는 바람과 구름에, 나는 작고, 헉 헉 느끼어만 진다.

나를 둘러 싼 자욱한 구름, 우러러도, 우러러도, 어디 푸른 하늘 하나 안 보인다.

2

장적불 붉게 타는 다점(茶店)안 맞은편 유리창을 딱! 총알같이 받고 와 떨어지는 것이 있다. 매에게 쫓겨드는 죄그만 산새!… 바르르르 몸을 떤다. 얼른 나는 산새를 안었다. 찌이찌이 간신히 운다. 사르르 눈을 감는다. 무섬과 아픔에, 떨며 발딱이는 죄그만 가슴…

나는 입술을 모아, 쭈우쭈우 새소리를 지어 얼러도 보고, 후—후—입바람을 내어, 꽁지 밑에 불어주기도 하였다… 눈을 뜬다… 살아난다… 또락 또락 바리작댄다. 아조 다시 살아났다.

3

새를 안고 나는 밖으로 나갔다. 그저 흐리어 있는 하늘. 푸른 하늘은 아니래도 오! 날러라. 발돋음을 하여 나는 하늘로 새를 치뜨렸다. 찍찍 찍 울고간다. 보이지 않는다.

4

구름이 몰린다. 한편 하늘만 끊은듯 조옥 삽시간에 개인다. 들어나는 파란 하늘. 햇살이 화안히 그쪽에만 뻗힌다. 저— 아래 새로 보이는 구름. 눈 같은 구름벌에 치켜드는 봉우리들. 봉우리가 모두 구름 속에 겨우 머리만 남고 잠기었다.

5

훌훌훌 이쪽 하늘만 개인다. 앗질! 높다. 내가 섰는 봉우리… 반짝 햇볕이 빛난다. 나도 볕에 싸인다. 이내 또 흐린다. 구름이 몰려든다. 삽시간에 다시 자욱 하다.

6

바람과 구름, 헉 헉 느끼어지는 자욱한 바람과 구름 속에, 나는 무릎을 끓고 우러른다.

차가운 돌위에 … 기도(祈禱)를 마치면, 나는 다시 금제은제(金梯銀梯)로 해서 총총히, 내금강(內金剛)으로 만폭동(萬瀑洞)으로 내려 가야 한다.

햇볕살 따실 때에

나무 푸른 아래로 오너라. 날이 개어 날이 참 좋다. 푸른 지금은 음력으로 오월 달. 있는 것 다 싱싱히 푸르르는 여기는 푸른 산 볕바른 아침나절.

억새, 잔디, 새광이풀 우거지고, 삼초, 취, 수영, 수리취, 더덕, 도라지가 어울린데, 올에도 다시 피는, 별같이 곱게 피는, 나리꽃 석죽꽃들…….

푸른 잎 이들대는 잎이 넓은 떡갈나무, 오월에도 치워 떠는 파들대는 사시나무, 키가 큰 물푸레와, 풍, 솔, 밤나무 옷나무외, 머루, 다래, 으름, 칡, 댕댕이 넝쿨들이, 푸른 돌 바위 위로 얼크러져 오르는데, 삐이 호이, 비이 호이, 홀로 우는 새의 소리…… 머언 산에서는, 뻑구욱, 뻑구욱, 울며 오는 뻑국소리…… 또, 물 소리…… 돌을 씻고 돌틈으로, 돌돌돌 쪼로로록 흘러오는 물의 소리…….

퍼붓듯 나뭇잎을 햇볕이 쬐어 주고, 쬐이는 햇볕살 잎새들이 빨아예고, 가지를 잡으면—너 같은 속목 만한 나뭇가질 잡으면, 수루루룩 느껴질듯 스며 오는 물줄소리. 땅에서 빨아대는 나무 속 물줄소리…… 산에 사는 나무는, 햇볕 먹고, 물 먹고, 오뉴월 한나절을 싱싱히도 자라누…….

 오라. 너는 산으로…… 나무 품으로…… 푸른 산 산도 좋고 물도 좋기로, 푸른 잎 붉은 꽃, 우는 새가 좋기로, 내사 어딜 가나 그리웁긴 너의 모습, 내 가슴 깊은 속에, 그리웁긴 너의 모습. 너 아님 어찌 내가 청산인들 찾으랴.

 갈수록 좋은 날에 떠끌 덮여 흩날리고, 들려 오는 아우성에 귀가 술아도, 나는 불르리라 어지러운 소리 속에, 닳은 목 뻑국처럼 너를 다만 불르리라.

 푸르른 나무란들, 붉게 고흔 꽃이란들, 가을되면 훌훌 다 낙엽 되어 저버릴것, 싸늘한 가을바람 휘휘로히 불어 와도, 눈 포래 매운 바람 뷘 가질 울리어도, 나는 불르리라 너를 다만 왼종일. 내 살아 숨쉴 동안 난 너를 불르리라.

 오라. 여기, 너는, 나뭇잎 푸를 때에…… 오라. 다만, 피는 꽃 고을 때에…… 산 너머, 산을 너머, 뻑국새 목이 잦듯 너도 나를 불르며, 햇볕 살 따실 때에 나를 와서 안어라.

하늘

하늘이 내게로 온다
여릿여릿
멀리서 온다

하늘은,
멀리서 온 하늘은
호수처럼 푸르다.

호수처럼 푸른 하늘에
내가 안긴다. 온몸이 안긴다.

가슴으로 가슴으로 스며드는 하늘
향기로운 하늘의 호흡

초가을
따가운 햇볕에
목을 씻고

내가 하늘을 마신다.

목말라 자꾸 마신다.

마신 하늘에 내가 익는다.
능금처럼 마음이 익는다.

오월(五月)에

푸른 한 점 구름도 없이 개인 하늘이 호수에 잠겼습니다.
호수는, 푸른 하늘을 잠근 호수는, 푸른 머언 당신의 마음,
볕 포근히 쏘이고, 푸른 나뭇잎 하늘대고,
하늘대는 잎 사이, 여기 저기 붉게 피는 꽃 무데기.

오월은, 재재대는, 적은 새의 떼와 더불어,
푸른 호수 가로, 호수 가로, 어울리는데,
당신은, 오월, 이, 부드러운 바람에도 안 설렙니까.
소란한 저자에서 나무와 꽃 잎사이,
비록 아기자기 대수롭지도 않은 풍경이긴 하나,
내 조용히 묻고, 조용히 또 대답할 말 있어,
기인 한나절을, 나 어린 소년처럼 혼자 와 거닐어도,
당신은, 하늘처럼, 마음 푸른 당신은 안 오십니다.

이제는, 머언 언제 새로운 날 다시 있어,
내, 어느, 바다가 바라뵈는 언덕에 와 앉아,
오오래, 당신을 기다리기, 하늘로 맺혀 오른 고운 피의 얼이,
다시, 저, 푸른 하늘에서, 이슬처럼 내려 맺어
나의 앞에, 붉은 한 떨기 장미꽃이 피기까지,

나는, 또, 혼자, 오오래 소년처럼 기다릴까 봅니다.

새벽 바람에

칼날 선 서릿발 짙푸른 새벽,
상기도 휘감긴 어둠은 있어,

하늘을 보며, 별들을 보며,
내여젓는 내여젓는 백화(白樺)의 손길.

저 마다 몸에 지닌 아픈 상처에,
헐떡이는 헐떡이는 산길은 멀어

봉우리엘 올라서면 바다가 보이리라.
찬란히 트이는 아침이사 오리라.

가시밭 돌사닥 찔리는 길에,
골마다 울어예는 굶주린 짐승

서로 잡은 따사한 손이 갈려도,

벗이여! 우린 서로 불르며 가자.

서로 갈려올라 가도 봉우린 하나.
피 흘린 자욱마다 꽃이 피리라.

바다 1

쨍! 울리도록 하늘은 맑았어라. 어린 어린 타오르듯 구만리나 푸르러라.

빙빙빙 돈다는 지구 위에사, 지구에도 바닷 가에 나 혼자 앉아, 짠 물결 푸른 물에 손을 잠그면,

바다는 되돌아서 다시 오면서, 어얼사 나를 안고 가자고 한다. 머얼리 해심(海心)으로 가자고 한다.

하이얀 모래 밭 고운 사(沙) 위에 깔려있는 그리운 조개 껍질은, 아롱 아롱 어릴 적 꿈을 일깨워 한나절 바닷가를 헤매게 하고,

왔다가 가는 물결 도루 그리워, 어어이 소리 높여 불러 보아도, 바다는 내 소리를 들은 척 않고, 바다는 머얼리로 다라만 간다.

바다는 어디로 어디로 가나. 우짖던 갈매기 떼 다 날아가고, 한밤을 마을 찾아 나도 돌아가며는, 왼 종일 울부짖어 목이 잦은 채 바다는 이 밤을 어디로 가나.

바다 2

바다가 와락
달려든다.
내가 앉은 모래 위에서……

가슴으로,
벅찬 가슴으로 되어
달려오는,
푸른 바다!

바다는,
내게로 오는 바다는,
와락 와락 거센 물결,
날 데릴러 어디서 오나!

귀가 열려,
머언
바다에서 오는 소리에
자꾸만, 내, 귀가 열려,

나는 일어선다.
일어서며,
푸른 물 위에 걸어가고 싶다.
쩔벙쩔벙
머언 바다 위로 걸어가고 싶다.

햇살 함빡 받고,
푸른 물 위를 밟으며 오는
당신은 바닷길……

바닷길을 나도,
푸른 바다를 밟으며 나도,
먼, 당신의 오는 길로 걸어가고 싶다.

Part. 2 — 청록집青鹿集 이후 초기작품

제3부

조지훈
『풀잎단장斷章』

아침

 실눈을 뜨고 벽에 기대인다. 아무것도 생각할 수가 없다.

 짧은 여름밤은 촛불 한 자루도 못다 녹인 채 사라지기 때문에 섬돌 우에 문득 석류(石榴)꽃이 터진다.

 꽃망울 속에 새로운 우주(宇宙)가 열리는 파동(波動)! 아 여기 태고(太古)적 바다의 소리 없는 물보라가 꽃잎을 적신다.

 방안 하나 가득 석류(石榴)꽃이 물들어 온다. 내가 석류(石榴)꽃 속으로 들어가 앉는다. 아무것도 생각할 수 없다.

산(山)길

　혼자서 산길을 간다. 풀도 나무도 바위도 구름도 모두 무슨 얘기를 속삭이는데
　산새 소리조차 나의 알음알이로는 풀이할 수가 없다.

　바다로 흘러가는 산골 물소리만이 깊은 곳으로 깊은 곳으로 스며드는
　그저 아득해지는 내 마음의 길을 열어 준다.

　이따금 내 손끝에 나의 벌거숭이 영혼이 부딪쳐 푸른 하늘에 천둥번개가 치고 나의 마음에는 한나절 소낙비가 쏟아진다.

그리움

먼 바다의 물보래 젖어 오는 푸른 나무 그늘 아래 늬가 말없이 서 있을 적에 늬 두 눈썹 사이에 마음의 문을 열고 하늘을 내다보는 너의 영혼을 나는 분명히 볼 수가 있었다.

늬 육신(肉身)의 어디메 깃든지를 너도 모르는 서러운 너의 영혼을 늬가 이제 내 앞에 다시 없어도 나는 역력히 볼 수가 있구나

아아 이제사 깨닫는다. 그리움이란 그 육신(肉身)의 그림자가 보이는 게 아니라 천지(天地)에 모양 지을 수 없는 아득한 영혼이 하나 모습 되어 솟아오는 것임을……

절정(絶頂)

  나는 어느새 천길 낭떠러지에 서 있었다. 이 벼랑 끝에 구름 속에 또 그리고 하늘가에 이름 모를 꽃 한 송이는 누가 피워 두었나 흐르는 물결이 바위에 부딪칠 때 튀어 오르는 물방울처럼 이내 공중에 사라져 버리고 말 그런 꽃잎이 아니었다.

  몇만년을 울고 새운 별빛이기에 여기 한 송이 꽃으로 피단 말가
  죄 지은 사람의 가슴에 솟아오르는 샘물이 눈가에 어리었다간 그만 불 붙는 심장으로 염통속으로 스며들어 작은 그늘을 이루듯이 이 작은 꽃잎에 이렇게도 크낙한 그늘이 있을 줄은 몰랐다.

  한점 그늘에 온 우주(宇宙)가 덮인다 잠자는 우주(宇宙)가 나의 한 방울
  핏속에 안긴다 바람도 없는 곳에 꽃잎은 바람을 일으킨다 바람을 부르는 것은 날 오라 손짓하는 것 아 여기 먼 곳에서 지극히 가까운 곳에서 보이지 않는 꽃나무 가지에 심장(心臟)이 쩔린다는 무슨 야수(野獸)의 체취(體臭)와도 같이 전율(戰慄)할 향기가 옮겨온다.

  나는 슬기로운 사람이 아니었다 그러기에 한 송이 꽃에 영원(永遠)을 찾는다

나는 또 철모르는 어린애도 아니었다 영원(永遠)한 환상(幻想)을 위하여 절정(絶頂)의 꽃잎에 입맞추고 길이 잠들어버릴 자유(自由)를 포기(抛棄)한다.

　다시 산길을 내려온다 조약돌은 모두 태양(太陽)을 호흡(呼吸)하기 위하여 비수(匕首)처럼 빛나는데 내가 산길을 오를 때 쉬어가던 주막에는 옛 주인이 그대로 살고 있었다 이마에 주름살이 몇 개 더 늘었을 뿐이었다 울타리에 복사꽃만구름같이 피어 있었다 청댓잎 잎새마다 새로운 피가 돌아 산새는 그저 울고만 있었다.

　문득 한 마리 흰나비! 나비! 나비! 나를 잡지 말아다오 나의 인생(人生)은 나비 날개의 가루처럼 가루와 함께 절명(絶命)하기에― 아 눈물에 젖은 한 마리 흰나비는 무엇이냐 절정(絶頂)의 꽃잎을 가슴에 물들이고사(邪)된 마음이 없이 죄 지은 참회(懺悔)에 내가 고요히 웃고 있었다.

풀밭에서

바람이 부는 벌판을 간다.
흔들리는 내가 없으면 바람은 소리조차 지니지 않는다.
머리칼과 옷고름을 날리며 바람이 웃는다.
의심할 수 없는 나의 영혼이 나직이 바람이 되어 흐르는 소리.
어디를 가도 새로운 풀잎이 고개를 든다.

땅을 밟지 않곤 나는 바람처럼 갈 수가 없다.
조약돌을 집어 바람 속에 던진다. 이내 떨어진다.
가고는 다시 오지 않는 그리운 사람을 기다리기에 나는 영영 사라지지 않는다.
차라리 풀밭에 쓰러진다.
던져도 하늘에 오를 수 없는 조약돌처럼 사랑에는 뉘우침이 없다.
내 지은 죄는 끝내 내가 지리라.
아 그리움 하나만으로 내 영혼이 바람 속에 간다.

묘망(渺茫)

내 오늘밤 한 오리 갈댓잎에 몸을 실어 이 아득한 바다 속 창망(滄茫)한 물구비에 씻기는 한 점 바위에 누웠나니.

생은 갈수록 고달프고 나의 몸둘 곳은 아무데도 없다. 파도는 몰려와 몸부림치며 바위를 물어뜯고 넘쳐나는데 내 귀가 듣는 것은 마지막 물결 소리 먼 해일(海溢)에 젖어 오는 그 목소리뿐.

아픈 가슴을 어쩌란 말이냐 허공(虛空)에 던져진 것은 나만이 아닌데 하늘에 달이 그렇거니 수많은 별들이 다 그렇거니 이 광대무변(廣大無邊)한 우주(宇宙)의 한 알 모래인 지구(地球)의 둘레를 찰랑이는 접시물 아아 바다여 너 또한 그렇거니.

내 오늘 바다 속 한 점 바위에 누워 하늘을 덮는 나의 사념(思念)이 이다지도 작음을 비로소 깨닫는다.

밤

누구가 부르는 듯
고요한 밤이 있습니다.

내 영혼의 둘렛가에
보슬비 소리 없이 나리는
밤이 있습니다.

여윈 다섯 손가락을
촛불 아래 가지런히 펴고
자단향(紫檀香) 연기에 얼굴을 부비며
울지도 못하는 밤이 있습니다.

하늘에 살아도
우러러 받드는 하늘은 있어
구름 밖에 구름 밖에 높이 나는 새

창턱에 고인 흰 뺨을
바람이 만져 주는
밤이 있습니다.

달밤

순이가 달아나면
기인 담장 위으로
달님이 따라오고.

분이가 달아나면
기인 담장 밑으로
달님이 따라가고.

하늘에 달이야 하나인데……
순이는 달님을 데리고
집으로 가고.

분이도 달님을 데리고
집으로 가고

암혈(岩穴)의 노래

야위면 야윌수록
살찌는 혼(魂)

별과 달이 부서진
샘물을 마신다.

젊음이 내게 준
서릿발 칼을 맞고

창이(創痍)를 어루만지며
내 홀로 쫓겨 왔으나

세상에 남은 보람이
오히려 크기에

풀을 뜯으며
나는 우노라.

꿈이여 오늘도

광야(廣野)를 달리거라

깊은 산골에
잎이 진다.

창(窓)

강냉이 수숫대 자란
푸른 밭을 뜰로 삼고

구름이 와서 자다
흘러가고……

가고 가면 무덤에
이른다는 오솔길이

비둘기 우는 밭머리에
닿았습니다.

외로이 스러지는 생명(生命)의
모든 그림자와

등을 마주 대고 돌아앉아
말없이 우는 곳

지대(至大)한 공간(空間)을 막고

다시 무한(無限)에 통하나니

내 여기 기대어
깊은 밤 빛나는 별이나

이른 아침
떨리는 꽃잎과 얘기하여라.

풀잎단장(斷章)

무너진 성(城)터 아래 오랜세월을 풍설(風雪)에 깎여온 바위가 있다.

아득히 손짓하며 구름이 떠가는 언덕에 말없이 올라서니

한줄기 바람에 조용히 씻기우는 풀잎을 바라보며

나의 몸가짐도 또한 실오라기 같은 바람결에 흔들리노라

아! 우리들 태초(太初)의 생명(生命)의 아름다운 분신(分身)으로 여기 태어나

고달픈 얼굴을 마주대고 나즉히 웃으며 얘기 하노니

때의 흐름이 조용히 물결 치는 곳에 그윽히 피어 오르는 한떨기 영혼이여

사모(思慕)

그대와 마주 앉으면
기인 밤도 짧구나

희미한 등불 아래
턱을 고이고

단둘이서 나누는
말 없는 애기

나의 안에서
다시 나를 안아주는

거룩한 광망(光芒)
그대 모습은

운명(運命)보담 아름답고
크고 밝아라

물들은 나무잎새

달빛에 젖어

비인 뜰에 귀또리와
함께 자는데

푸른 창가에
귀 기울이고

생각나는 사람 있어
밤은 차구나

석문(石門)

　당신의 손끝만 스쳐도 소리 없이 열릴 돌문이 있습니다. 뭇사람이 조바심치나 굳이 닫힌 이 돌문 안에는, 석벽난간(石壁欄干) 열두 층계 위에 이제 검푸른 이끼가 앉았습니다.

　당신이 오시는 날까지는, 길이 꺼지지 않을 촛불 한 자루도 간직하였습니다. 이는 당신의 그리운 얼굴이 이 희미한 불 앞에 어리울 때까지는, 千年(천년)이 지나도 눈 감지 않을 저희 슬픈 영혼의 모습입니다.

　길숨한 속눈썹에 항시 어리운 이 두어 방울 이슬은 무엇입니까? 당신의 남긴 푸른 도포 자락으로 이 눈썹을 씻으랍니까.

　두 볼은 옛날 그대로 복사꽃 빛이지만, 한숨에 절로 입술이 푸르러 감을 어찌합니까.

　몇만리 굽이치는 강물을 건너와 당신의 따순 손길이 저의 목덜미를 어루만질 때, 그때야 저는 자취도 없이 한 줌 티끌로 사라지겠습니다. 어두운 밤 하늘 허공중천(虛空中天)에 바람처럼 사라지는 저의 옷자락은, 눈물 어린 눈이 아니고는 보이지 못하오리다.

여기 돌문이 있습니다. 원한(怨恨)도 사무칠 양이면 지극한 정성에 열리지 않는 돌문이 있습니다. 당신이 오셔서 다시 천년(千年)토록 앉아 기다리라고, 슬픈 비바람에 낡아 가는 돌문이 있습니다.

앵음설법(鶯吟說法)

  벽에 기대 한나절 졸다 깨면 열어제친 창(窓)으로 흰구름 바라기가 무척 좋아라.

  노수좌(老首座)는 오늘도 바위에 앉아 두 눈을 감은 채로 염주(念珠)만 센다.

  스스로 적멸(寂滅)하는 우주(宇宙) 가운데 먼지 앉은 경(經)이야 펴기 싫어라.

  전연(篆煙)이 어리는 골 아지랑이 피노니 떨기나무에 우짖는 꾀꼬리 소리.

  이 골 안 꾀꼬리 고운 사투린 범패(梵唄) 소리처럼 낭랑(琅琅)하구나.

  벽에 기대 한나절 졸다 깨면 지나는 바람결에 속잎 피는 고목(古木)이 무척 좋아라.

가야금(伽倻琴)

1

휘영청 달 밝은 제 창을 열고 홀로 앉다 품에 가득 국화 향기 외로움이 병이어라.

푸른 담배 연기 하늘에 바람 차고 붉은 술그림자 두 뺨이 더워 온다.

천지가 괴괴한데 찾아올 이 하나 없다 우주(宇宙)가 망망(茫茫)해도 옛 생각은 새로워라.

달 아래 쓰러지니 깊은 밤은 바다런듯 창망(蒼茫)한 물결소리 초옥(草屋)이 떠나간다.

2

조각배 노 젓듯이 가야금을 앞에 놓고 열두 줄 고른 다음 벽에 기대 말이 없다.

눈 스르르 감고 나니 흥이 먼저 앞서노라 춤추는 열손가락 제대로 맡길랏다.

구름 끝 드높은 길 외기러기 울고 가네 은하(銀河) 맑은 물에 뭇별이 잠기다니.

내 무슨 한(恨)이 있어 흥망(興亡)도 꿈속으로 잊은 듯 되살아서 임 이름 부르는고.

3

풍류(風流) 가야금에 이는 꿈이 가이없다 열두 줄 다 끊어도 울리고 말 이 심사(心思)라.

줄줄이 고로 눌러 맺힌 시름 풀이랏다 머리를 끄덕이고 손을 잠깐 슬쩍 들어

뚱뚱 뚱 두두 뚱뚱 흥흥 응 두두뚱 뚱 조격(調格)을 다 잊으니 손끝에 피맺힌다.

구름은 왜 안 가고 달빛은 무삼일 저리 휜고 높아가는 물소리에 청산(靑山)이 무너진다.

산(山)

산이 구름에 싸인들
새 소리야 막힐줄이

안개 잦아진 골에
꽃잎도 떨렸다고

소나기 한주름 스쳐간 뒤
벼랑 끝 풀잎에 이슬이 진다

바위도 하늘도 푸르러라
고운 넌출에

사르르 감기는
바람 소리

도라지꽃

기다림에 야윈 얼굴
물위에 비초이며

가녀린 매무새
홀로 돌아 앉다.

못견디게 향기로운
바람결에도

입 다물고 웃지 않는
도라지꽃아.

낙엽(落葉)

바람에 낡아가는
고목(古木) 등걸에

오늘 하루 해가
저무런고나

이무 돌올(突兀)한
뫼뿌리 하나

소주(蕭酒)로운 구름 밖에
날카로운데

하나 둘 굴르는
낙엽(落葉)을 따라

흘러간 내 영혼의
머언 길이여

바람에 낡아가는

고목(古木)등걸에

오늘도 하루 해가
저무런고나

倚樓吹笛[피리를 불면]

다락에 올라서
피리를 불면

만리(萬里) 구름길에
학(鶴)이 운다.

이슬에 함초롬
젖은 풀잎

달빛도 푸른채로
산을 넘는데

물위에 바람이
흐르듯이

내 가슴에 넘치는
차고 흰 구름.

다락에 기대어

피리를 불면

꽃비 꽃바람이
눈물에 어리어

바라뵈는 자하산(紫霞山)
열두 봉우리

싸리나무 새순 뜯는
사슴도 운다.

송행(送行)

―만 오일도 선생(輓 吳一島 先生)―

임 홀로 가시는 길
서역(西域) 만리(萬里)길

먼산 둘레둘레
물구비마다

아득한 풀향기
물구비마다

흰 옷자락 아슴 아슴
바람에 날아

모든 시름 잊으시고
피리를 불며

노을 타고 가시는 길
서역(西域) 만리(萬里)길

박목월
박두진
조지훈

Part. 3

청록파 시인들의
현실 참여시

Part. 3 — 청록파 시인들의 현실 참여시

제1부

박두진
『거미와 성좌』

돌의 노래

돌이어라. 나는
여기 절정(絶頂).
바다가 바라뵈는 꼭대기에 앉아
종일을 잠잠하는
돌이어라.

밀어 올려다 밀어 올려다
나만 혼자 이 꼭지에 앉아 있게 하고
언제였을까.
바다는
저리 멀리 저리 멀리
달아나 버려

손 흔들어 손 흔들어
불러도 다시 안 올 푸른 물이기
다만 나는
귀 풍겨 파도 소릴
아쉬워할 뿐.
눈으로만 먼 파돌

어루만진다.

오 돌.
어느 때나 푸른 새로
날아 오르라.

먼 위로 어둑히 짙은 푸르름
온 몸에 속속들이
하늘이 와 스미면
어느 때나 다시 뿜는 입김을 받아
푸른 새로 파닥거려
날아 오르라.
밤이면 달과 별
낮이면 햇볕.
바람 비 부딪치고, 흰 눈
펄펄 내려
철 따라 이는 것에 피가 감기고,
스며드는 빛깔들
아롱지는 빛깔들에

혼이 곱는다.

어느 땐들 맑은 날만
있었으랴만,
오 여기 절정.
바다가 바라뵈는 꼭대기에 앉아.
하늘 먹고 햇볕 먹고
먼 그 언제
푸른 새로 날고 지고
기다려 산다.

산맥(山脈)을 간다

얼룽진 산맥(山脈)들은 짐승들의 등빠디
피를 뿜듯 치달리어 산등성을 가자.

흐트러진 머리칼은 바람으로 다스리자.
푸른 빛 이빨로는 아침 해를 물자.

포효(咆哮)는 절규(絶叫). 포효(咆哮)로는 불을 뿜어,
죽어 잠든 골짝마다 불을 지르자.

가슴을 살이 와서 꽂힐지라도
독을 바른 살이 와서 꽂힐지라도,

가슴에는 자라나는 애기 해가 하나
나긋나긋 새로 크는 애기 해가 한 덩이.

미친 듯 밀려오는 먼 바다의
울부짖는 파도들에 귀를 씻으며,

떨어지는 해를 위해 한 번은 울자.

다시 솟을 해를 위해 한 번은 울자.

바다의 靈歌(영가)

> —바다는 푸른 혼, 바다는 열한 가슴,
> 바다는 안아 당겨 죽이고만 싶다

바다는 이미 나보다도 먼저 있었던 것일까? 내 영혼이 태어나기 보다도 먼저부터, 바다는 저렇게 푸르르며 있고, 넘실대며 있고, 하나 가득 충만하여 있었던 것일까? 내 마음이 설레이고, 내 마음이 때로는 가라앉고, 때로는 노도처럼 거세이고, 때로는 쾅쾅 굴러 몸부림치듯, 바다는 나보다도 먼저인 먼 아득한 그 시원의 날로부터, 설레이고, 가라앉고, 잠잠하고, 노하고, 뉘우치고, 한숨 짓고, 절규하고, 손을 들고, 그리고는 뒤척이고, 미쳐서 뛰고, 통곡하며 있었던 것일까?

내 마음이 어느날 그 칠옷처럼 깜깜하던 어둠, 그 태초의 태초와 같은 어두운 혼돈에서 별안간에 활활한 태양을 토해 내듯, 바다도 저렇게 아침——

싱싱한 아침의 태양을 어둠으로부터 토해 낼 땐, 바다는 바로 내 그 때의 마음,——혼돈한 온갖 것을 용광로처럼 끓이고, 활활히 불살우고, 뿜어올리고, 솟구치고 하다가, 그것을 바다는 가슴에다 안고, 볼에다 부비고, 입으로 입맞추고, 빨아서 달디달게 꿀처럼 삼키다가,

그 가슴 속 속 깊이에서, 가슴 속에서, 태양은 태양을 낳고, 빛은 빛을 낳고, 열은 열을 낳고, 사랑은 사랑을 낳고, 불길은 불길을 낳고, 혁명은 혁명을, 피는 피를 낳게 하는 것인데, 내가 갑자기 그러다가 어느

날, 가슴에 솟던 해가 느닷없이 떨어져, 빛은 빛으로 더불어 죽고, 어둠은 어둠으로 더불어 죽고, 사랑은 사랑으로, 미움은 미움, 절망은 절망으로, 죽음은 죽음으로 더불어 죽을 때, 바다가 절망하면 가슴이 절망하고, 바다가 뉘우치면 가슴이 뉘우치고, 바다가 반역하면 가슴이 반역하고, 바다가 노호 절규하면 가슴이 노호 절규하고, 바다가 일제히 손을 들면 가슴도 일제히 손을 들고, 바다가 달아나면 가슴도 막 달아나고, 바다가 달겨들면 가슴도 막 달겨들고, 바다가 번쩍 칼을 물면 가슴도 칼을 물어, 아, 바다가 죽으면 가슴도 죽는다.

 바다는 일찌기, 바다는 내 먼 영혼의 가슴, 푸르디 푸른 내 영혼의 가슴, 바다는 내 안, 내 혼, 아가처럼 가슴에 안겨서 혼에 싸여서 자랐다.
 그리하여 일찌기, 어쩌다가 일찌기, 바다가 배반하여 가슴으로부터 달아나고, 가슴만이 바다로부터 빈 껍질처럼 홀로였을 때, 바다는 바다대로 몸부림쳐 찢겼고, 뒤집히어 혼돈했고, 아우성쳐 통곡했고, 스스로의 상처에 뒤척이었고, 선혈이 흘러 굽이쳤고, 앓으며, 아프며, 잃어버린 그 가슴일래 깜깜한 전율에 떨었다.

 가슴에 안겨 바다가 자랄 때, 그 가슴에는 심장, 가슴에는 피, 가슴에는 사랑, 가슴에는 불이, 백렬하는 혼과 혼이 끓었었던 것이다. 가슴은 곧 보람, 가슴은 곧 꿈, 가슴은 곧 핏줄, 가슴은 곧 생명, 가슴은 곧 모두인 모두였던 것이다. 가슴이 없는 바단 죽음이었던 것이다. 바다가 없는 가슴은 죽음이었던 것이다.

아, 가슴은 바로 나, 바다는 바로 너였던 것이다.

푸르고 풍만한 너 바다가 없을 때, 너 열하고 예쁜 모습 바다가 떠났을 때, 바다가 암사슴처럼 바다가 죽었을 때, 가슴은 어둠이었고, 가슴은 절망이었고, 가슴은 막 미쳤었고, 가슴은 끝내, 스스로는 못돌이킬 죽음이었던 것이다.

그리하여 그 죽음은, 죽음으로 더불어 영원히 죽고, 이제는 그 생명이 또 하나 솟아오르는 새로운 생명을 위하여, 바다에서 솟는 해는 가슴에서 솟는 해, 바다에서 솟는 혼은 가슴에서 솟는 혼, 바다에서 솟는 사랑은 가슴에서 솟는 사랑, 바다에서 끓는 불은 가슴에서 끓는 불로, 이제야말로 바다는 가슴 속으로 되돌아와,

새로운 그 출렁임을 시작한 것이다. 새로운 그 용솟음을 시작한 것이다. 새로운 그 가득참을 시작한 것이다.

아— 아— 아— 아—,
소리치고, 열광하고, 뿜어 오르고, 뿜기어 올라,

이제야말로 다시 와 만난 그 가슴과 바다는, 창조, 혁명, 피, 혼돈, 죽음, 절망, 몸부림, 절규, 노호, 통곡, 그러한 것들의 모두를, 말갛게 씻어서 삼켜 삭혀 버리고, 빛과 어둠, 죽음과 생명, 사랑과 미움, 절규와 침묵, 저주와 기도, 반항과 체념, 살과 살, 피와 피! 불꽃과 꽃과 꽃과 혀의,

아, 혼과 생명과 사랑의 그 응어리의, 꽃과 불로된 그 하나로 된 응어리의 영원한 새 영원, 태초의 말씀의 그 새 말씀으로부터

——할렐루야!

아, 너와 나는 이제야 다시, 하나로 되살아 일어난 것이다.
푸르게 열해 오른 란란한 불길, 타오르는 태양의 응어리로 터진 것

이다.

  타오르는 사랑의 응어리로 터진 것이다.

  그 먼 불붙음, 그

  태초로부터의 불붙음으로,

  이제야말로 새로이 출렁이는 그 새파란 바다, 이제야말로 새로이 불타는 그 열한 가슴이, 하나로 되어 영원한 용솟음으로 솟은 것이다.

거미와 성좌(星座)

습습(濕濕)하고 어두운
지옥(地獄)으로부터의 너희들의 탈출(脫出)은
또 한번 징그러운 흑갈색(黑褐色) 음모(陰謀)
지옥(地獄)에서 지상(地上)에의 유배(流配)였고나.

추녀 밑 낡은 후미진 틈새에서
털 솟은 숭숭한 얼룽이진 몸둥아리
종일을 움츠리고 묵주(默呪) 뇌이를 한다.

거미, 거무,
거미, 거뮈!……
지주(蜘蛛), 지주(蜘蛛)!…… 지주(蜘蛛), 거믜!
거미, 지주(蜘蛛)!…… 지주(蜘蛛),
거뮈!….

─────일몰(日沒)……
어디쯤 바다에서 밀물소리 잦아오고
산에서, 들에서는,
밤새가 왜가리가 뜸북세가 울고 오고

이리는 너구리를

너구리는 다람쥐를, 구렁이는 개구리를, 개구리는 쉬파리를, 먹으며

먹히우며 처절(悽絶)한 정숙(靜肅)……

거미는————

새까만 내장(內臟),

새까만 내장(內臟)을 겹겹이 열어 피묻은 일몰(日沒)을

빨아 먹고,

새까만 내장(內臟)을 겹겹이 열어 피묻은 후광(後光)을

빨아 먹고,

새까만 내장(內臟)을 겹겹이 열어피묻은 노을을

빨아 먹고는,

그리고는 황혼(黃昏),

당향묵(唐香墨)처럼

선명(鮮明)한

까만 황혼(黃昏)을 뿜어낸다.

서서(徐徐)히

거미는
이제야 실현(實現)해 볼 회심(會心)의 음모(陰謀)
오늘의 짙은 황혼(黃昏)을 위한
피묻는 계략(計略)을 펴는 것이다.

발통을 들어 몸내를 풍겨 수거미들을 고혹(蠱惑)한다.
여덟 개의 발끝으로 하는 여덟 차례의 간음(姦淫)
맞달겨드는 수거미들은
전율(戰慄)해 오는 결사(決死)의 정부(情夫)
여덟 번의 간음(姦淫)과 더불어 오는 여덟 마리의정부(情夫)를
황홀(恍惚)해 하며 아찔해 하며
교살해 먹어버리는 쾌적(快適)!

이윽고 거미는 이번에는
소리를 내어 낭낭(朗朗)하게 주문(呪文)을 다시 외이다가
닐—닐 늬나이 나이나,
산이 올라서 궁둥일 저어
독무를 추며 휘돌아가면
슬, 슬, 슬, 저녁 산바람

목줄을 와서 간질른다.
거미는 다시 이때
또 하나의 푸른 공간(空間)
추녀끝 캄캄한 데서 벚나무 높은 가지 끝까지
점착성(粘着性)

가장 질긴 밑줄을 뽑아
새로운 포망(布網)의 얼개를 친다.

산뜻하고 열렬(熱烈)한
이때야말로 거미는 일사불란(一絲不亂)의 용의(用意)
아슬아슬한 공중작업(空中作業)에
혼신(渾身)의 정력(精力)을 소모(消耗)한다.

끈끈하고 섬세(纖細)하고 순미(純美)로운 선(線) ──
이것은 곧 탈출(脫出)
이것은 곧 유배(流配)
이것은 고독(孤獨)
이것은 절망(絶望)

이것은 허무(虛無)

이것은 체념(諦念)

이것은 또 일몰(日沒)

이것은 후광(後光)

이것은 노을

이것은 바닷 소리

이것은 갈댓 소리

이것은 황혼(黃昏)

이것은 오인(嗚咽)

이것은 묵주(默呪)

이것은 음모(陰謀)

이것은 간음(姦淫)

이것은 황홀(恍惚)

이것은 숫거미

이것은 육즙(肉汁)

이것은 교살(咬殺)

이것은 쾌적(快適)의

그러한 것이 짓이겨져서 거미줄 줄이 된 것이다.

그러한 것의 정취(情趣)가 엉겨 끈끈한 줄이 된 것이다.

눈이 부신, 차라리, 얽어 나가는 지주(蜘蛛)의 포망(布網)은
승화(昇華)된 순색(純色)의 희뿌오얀 혈맥(血脈)!
그 그물 같은,
하늘로의 포망(布網)에는
하나씩의 칸살마다
하나씩의 하늘

하나씩 하늘마다 하나씩의 황혼(黃昏)
하나씩의 황혼(黃昏)마다 하나씩의 성좌(星座)
꽃밭처럼 허트러진, 꽃밭 같은 성좌(星座)가
먼, 먼, 무한궤도(無限軌道)를 전설(傳說)을 밟고 돌아가고
젤그렁거리는 별소리 속에
은(銀) 소리 속에 매어 달린다.
또 한번의포만(飽滿)을 위(爲)해
거미의 자세(姿勢)가 긴장(緊張)한다.

풍뎅이가 하나 날아와 걸린다 쭈루룩 달려나가서
휘감아 버린다.
왕파리가 하나 날아와 걸린다 쭈루룩 달려나가서 휘감아 버린다.

고추쨍아가 왕퉁이가 호박벌이 와 걸린다.
말모기가 개똥벌레가 딱장벌레가 와 걸린다.
걸리는 족족 휘감아 싸서 몽뚱그려서 죽이면
까만 잇발로 모조리 싸서 몽뚱그려서 죽이면
까만 잇발로 짓씹어 입맛을 다시며 먹어버리는
것이다.

그리하여 밤————
어디선가 풀섶에서 귀뚜라미가 울고
풀벌레들의 울음에 섞여 어머니 없는 아이가 울고
밤이 울고 어둠이 울고 바람이 울고 풀숲이 울어
울어 예는만뢰(萬籟) 속에 밤이 깊으면
밤이 오면 언제나 우는 사람들
울음 속에 여위어가는 눈이 맑은 사람들의
울음 울며 뒤척이며 여위는 소리……

아, 거미도 이런 밤엔 오열(嗚咽)을 한다.
디룽디룽 매어달려
먼 그런 울음소리에 귀를 기울여

흔들리는 실줄을 잡고 눈물짓는다.

지르지르 지르르르……지질 지질 지르르르……
바로 발밑
시궁창 울밑에서 이제야 겨우 우는
지지리도 못생긴
지렁이의 측은(側隱)함에 연민(憐憫)을 준다.

그는————눈을 든다.
다시 한번 바라보는 먼 항하사(恒河沙)
성좌(星座)와 성좌(星座)들의 어쩔어쩔한
대우주(大宇宙)————

오오래인 이법(理法)들을 궁글려 보며
묵묵(默默)하니 눈을 감고 철학(哲學)하다가,
호접(蝴蝶)! 오, 蝴蝶(호접)!
문득 그는,
밤이 다한 아침, 어쩌면 다시 오는 해밝이 녘에
극채색(極彩色) 눈이 부신 네 겹 날개의

남국종(南國種) 크다란 범나비가 한 마리

추방(追放)되어 내려오는 천사(天使)의 그것
찬란하게 펄럭이는 자유(自由)의 나라의 기폭(旗幅)처럼
훨훨훨 날아들어 펄럭일지도 모른다는
부풀어 오르는 보람에 사여
황홀(恍惚)해 하며 있다.

봄에의 檄(격)

일어나라.

나무여. 잠자는 산이여. 돌이여. 풀이여. 땅버러지여.
물이여. 웅덩이여. 시내여. 바다여.
이러한 것들의,
죽음이여. 넋이여. 얼이여. 영이여.
이러한 것들끼리의 사무침,
이러한 것들끼리의,
눈물이여. 한숨이여. 피보래여. 반항이여.
불덩어리여.

일어나라.

산에서는 오래 두고 산이래서 사는 것,
입이 붉은 너희,
칡범이여. 개호주여. 살가지여. 곰이여. 여우여.
승냥이여. 오소리여. 멧돼지여.
바보 같은 사슴이여. 노루여. 너구리여. 토끼여.
방정맞은 다람쥐여.

너희들은 또 너희들끼리의,
눈물이여. 피흘림이여. 잡아먹음, 접아먹힘이여. 쫓겨 감이여.
달아남이여. 한숨이여. 불덩어리여.
그 중에도 친친한, 어둠 속에 들엎드린,
능구렁이여. 까치독사여. 독 이빨이여.

일어나라.

이제야 너희들은 너희들끼리의,
오래고 억울한 사무침을 위하여, 혓바닥을 위하여, 어금니를 위하여,
발톱들을 위하여, 핏대들을 위하여, 약탈을, 살륙을, 겁탈과 결투,
승리를, 둔주를, 패배들을 위하여,
정복을, 추격을, 피흘림을 위하여,
일어나라.

숲에서는 오래오래 숲이래서 사는 것,
날개쭉질 가진,
멧새여. 할미새여. 무당새여. 꾀꼬리여.

비둘기여. 산제비여. 칼새여. 지미새여.

쟁끼여, 까투리여. 부엉이여. 올빼미여. 독수리여. 매여.

너희들의 입부리, 너희들의 발톱,

너희들의 깃쭉지의,

너희들은 또 너희들끼리의,

사랑이며, 노래며, 보금자리며, 속삭임이며, 따스함이며, 보드라움이며,

싸움이며, 할큄이며, 피흘림이며,

죽임이며, 쫓기임,

눈물이며, 안도며, 승리며, 또 평화들을 위하여,

일어나라.

아, 물에서는 또 물이래서 오래 사는,

그 중에서도 못생기디 못생긴,

미꾸라지여. 구구락지여. 자가사리여. 개멱자구여. 실뱀장어여.

모래무지, 징검새우, 물무당이여, 똥방개여, 참방개여. 송사리떼여.

너희들의 집단, 너희들의 보람, 너희들의 투쟁,

너희들의 사상, 너희들의 유전, 너희들의 발광, 너희들의 죽음들을

위하여,
　너희들의 눈물, 너희들의 피, 너희들의 분노와 반항들을 위하여,

일어나라.

땅버러지여.
흙일래 흙 속에서 흙냄 맡고 사는,
지지리도 못생긴, 아, 그 중에서도,
개밥뚜기여. 오줌쌔기여. 소금쟁이여. 굼벙이, 지렁이, 쇠똥벌레여.
딱정벌레, 찝게벌레, 방구벌레여.
노린챙이, 투구벌레, 지네 새끼여.
이제야 너희들은,
너희들의 보람, 너희들의 쾌적, 너희들의 사랑,
너희들의 투지, 너희들의 혁명, 너희들의 승리들을 위하여,

일어나라.

그리하여,
산에서는 산윗 것, 물에서는 물윗 것, 바다에선 바다윗 것,

흙에서는 흙읫 것이,
이제야 일제히들,
휘날리며 휘날리며 깃발들을 들라.
뿔들을 뻗치라, 이빨을 발톱을, 부리들을 갈라.
목청들을 돋우라. 비약하라. 선전하라, 행진하라. 돌격하라.
합창하라. 노호, 절규,
승리하라. 정복하라. 개선하라. 환호하라.
패배하라. 둔주하라.
진실로, 독에는 독, 칼에는 칼, 피에는 피로,
눈물에는 눈물, 사랑에는 사랑, 포옹에는 포옹으로, 아, 그 중에서도,
불이 붙는 사랑에는 불이 붙은 사랑으로,
있고 나고, 나고 죽고, 사랑하기 위하여,
있는 것 일체의,
생명이란 생명의,
산이며 숲, 물이며 바다, 하늘이며 흙 속의, 바람결 속의, 정이며 넋,
얼이며 영들까지,
아, 일체의 있는 것은,
너희들, 스스로를 위하여,
이때에야 진실로,

일어나라.

항거설

그날
아침 빛은
고웁기야 하리.
바다야 설레잖고 마르리오마는
진초록 일렁이는 천지는 다 바다
그 파도 굽이마다
불의 꽃이 일면
휩싸이는 꽃불 속에
혁명은 일리.
그 층층 열 한 속을
고운 불사조
불꽃 불 무한 바달
나래 쳐 가자.

그날
한 밤결은
고웁기야 하리.
불길이야 지질히 꺼지리오마는
푸로메듀스,

별이 모두 떨려 죽은,
코카사스 꼭대기에
밤이 모여 울어,
수리 떼, 수리 떼,

무한파상 내리 꽂힐
주둥뿌릴 위하여,
너와 나는 샛빨간
간을 기르자.
간을 기르자.

바다가 바라뵈는 언덕의 풀밭

벗들이 조금씩 제절로 흩날리는
바다가 바라뵈는 언덕
풀 밭에. 잠자는 꽃에 물든 바람이어.
아직은 땅 속에 잠자는 폭풍이어.
그, 비둘기는 깃쭉지, 작은 양은 목줄기에서
지금은 죽음,
소년과 아낙네와 젊은이의 피뿌림의
꽃잎보다 더 고운 따스한 피의 소리
그 위에 무성하는
풀뿌리 밑의 울음소리. 가늘은 넋의 소리.
간간한 사투리 소리.
그 풀언덕 바다가 바라뵈는
조금씩 흩날리는 꽃이 흩는 풀밭 속에
지금은 죽음,
손으로 눈을 가린
봄. 햇살.
날아 올라보고 싶은 비둘기여.
뛰엄뛰고 싶은 양들이어.
살고 싶은 소년이어.

울어보고 싶은 아낙네여.
말 해 보고 싶은 젊은이여.

꽃과 항구(港口)

나무는 철을 따라
가지마다 난만히 꽃을 피워 흩날리고,

인간은 영혼의 뿌리 깊이
눌리면 타오르는 자유의 불꽃을 간직한다.

꽃은 그 뿌리에 근원하여
한 철 바람에 향기로이 나부끼고,

자유는 피와 생명에 뿌리하여
영혼의 밑바닥 꺼지지 않는 근원에서 죽지 않고 탄다.

꽃잎. 꽃잎. 봄 되어 하늘에 구름처럼 일더니,
그 바다―, 꽃그늘에 항구는 졸고 있더니,

자유여! 학살되어 바닷속에 버림받은 자유여!
피안개에 그므는 아름다운 항구여!

그 소녀와 소년들과 젊음 속에 맥 뛰는

불의와 강압과 총칼 앞에 맞서는

살아서 누리려는 자유에의 비원이
죽음. 생명을 짓누르는 공포보다 강하구나.

피는 꽃보다 값지고,
자유에의 불꽃은 죽음보다 강하구나.

젊은 죽음들에게

누가 알리.
선혈로 강을 이뤄
한 바퀴 친친히 지구를 띠 두른
그 넋들 서로 안고
오늘을 울어옘을.

별빛 그 눈동자들 지금은 하늘엘까?
낭랑한 그 목소리들 지금은 공중엘까?
푸른 그 애띤 넋들 지금은 햇살 속엘까?
바람 속엘까? 떨리는 풀잎
꽃이 지는 꽃나부낌 속엘까?
그 착한 얼굴 모습들 지금은 강물 속엘까?
거울로 어리우는 바위 속엘까?
나무 그늘엘까?
잔잔한 호수 속엘까?
그 물 속 거꾸로인 하늘 그림자엘까?

알아서는 무엇하리.
너희들 뜨건 피와

찢긴 살은 흙거름, 거름 위에 뿌리한,
나무와 풀잎들과 꽃망울과 꽃,

죽음들이 잠들은 죽음 위에 서서
피와 살로 기름진 흙을 밟고 서서
우리들 여전히 히히대며 사는 것을
짐승들도 인간들도 어금니를 갈아
피흘리며 죽여가며 흥성흥성 사는 것을.

그러리.
무엇엔가 그러나 너희들은 살았으리.
너희들 뿌려 흘린
그 뜨거운 붉은 피가 유유한 강이 되고, 그래서 푸르르고.

그 빛나는 눈동자들 찬란한 별이 되고, 그래서 총총하고.
그 찢기운 붉은 살들 툭툭한 흙이 되고, 그래서 기름지고
희디 하얀 백골
뼈가 녹아 샘이 되어, 그래서 샛말갛고.
너희들의 숫된 맘은 푸른 바람결,

이름 석 잔 바람결,
혼령들은 햇살이 되어
오늘 저 볕살 속에 살아 있으리.

우리들 스스로도 알아지지 못하는
풀포기, 물굽이, 바람결과 가지 끝에
꽃이팔, 모래톱, 양지와 그늘 속에
혼령 속 마음 속에 피 흐름에 있으리.
살음 속에 영원히 잔잔하게 있으리.

우리의 깃발을 내린 것이 아니다

우리는 아직도
우리의 깃발을 내린 것이 아니다.
그 붉은 선혈(鮮血)로 나부끼는
우리들의 깃발을 내릴 수가 없다.

우리는 아직도
우리들의 절규(絶叫)를 멈춘 것이 아니다.
그렇다. 그 피불로 외쳐 뿜는
우리들의 피외침을 멈출 수가 없다.

불길이여! 우리들의 대열(隊列)이여!
그 피에 젖은 주검을 밟고 넘은
불의 노도(怒濤), 불의 태풍(颱風), 혁명(革命)에의 전진(前進)이여!
우리들 아직도
스스로는 못 막는
우리들의 피 대열(隊列)을 흩을 수가 없다.
혁명(革命)에의 전진(前進)은 멈출 수가 없다.

민족(民族), 내가 사는 조국(祖國)이여.

우리들의 젊음들.
불이여! 피여!
그 오오래 우리에게 썩어 내린
악(惡)으로 불순(不純)으로 죄악(罪惡)으로 숨어 내린
그 면면(綿綿)한
우리들의 핏줄 속의 썩은 것을 씻쳐 내는,
그 면면(綿綿)한
우리들의 핏줄 속에 맑은 것을 솟쳐 내는,
아, 피를 피로 씻고,
불을 불로 살워,
젊음이여! 정(淨)한 피여! 새 세대(世代)여!

너희들 이미 일어선 게 아니냐?
분노(憤怒)한 게 아니냐?
내달린 게 아니냐?
절규(絶叫)한 게 아니냐?
피흘린 게 아니냐?
죽어간 게 아니냐?

아, 그 뿌리어진
임리한 붉은 피는 곱디 고운 피꽃잎,
피꽃은 강(江)을 이뤄,
강(江)물이 갈앉으면 하늘 푸르름.
혼령(魂靈)들은 강산(江山) 위에 햇볕살로 따스워,

아름다운 강산에 아름다운 나라를,
아름다운 나라에 아름다운 겨레를,
아름다운 겨레에 아름다운 삶을
위해,
우리들이 이루려는 민주공화국(民主共和國).
절대공화국(絶對共和國).

철저한 민주 정체(民主政體).
철저한 사상(思想)의 자유(自由),
철저한 경제 균등(經濟均等),
철저한 인권 평등(人權平等)의,

우리들의 목표는 조국(祖國)의 승리(勝利),

우리들의 목표는 지상(地上)에서의 승리(勝利),
우리들의 목표는
정의(正義), 인도(人道), 자유(自由), 평등(平等), 인간애(人間愛)의 승리(勝利)인,
인민(人民)들의 승리(勝利)인,
우리들의 혁명(革命)을 전취(戰取)할 때까지,

우리는 아직
우리들의 피 깃발을 내릴 수가 없다.
우리들의 피 외침을 멈출 수가 없다.
우리들의 피 불길,
우리들의 전진(前進)을 멈출 수가 없다.

혁명(革命)이여!

강 2

나는 아직도 잊을 수가 없다
그날 강(江)물은 숲에서 나와 흐르리.

비로소 채색(彩色)되는 유유(悠悠)한 침묵(沈默)
꽃으로 수장(水葬)하는 내일에의 날갯짓,

아, 흥건하게 강(江)물은 꽃에 젖어 흐르리
무지개 피어 젖은 아침 숲 짐승 울음.

일체의 죽은 것은 떠내려가리
얼룩대는 배암 비늘 피발톱 독수리의,

이리떼 비둘기떼 깃쭉지와 울대뼈의
피로 물든 일체는 바다로 가리.

비로소 햇살 아래 옷을 벗는 너의 전신(全身)
강(江)이여. 강(江)이여. 내일에의 피몸짓.

네가 하는 손짓을 잊을 수가 없어

강(江) 흐름 핏무늬길 바다로 간다.

갈보리의 노래 1

해도 차마 밝은 체론 비칠 수가 없어
낮을 가려 밤처럼 캄캄했을 뿐.

방울 방울 가슴의
하늘에서 내려 맺는 푸른 피를 떨구며,

아으, 엘리 엘리 라마 사박다늬······
엘리 엘리 라마 사박다늬······

그 사랑일래 지지러져 죽어간 이의
바람 자듯 잦아드는 숨결 소리 뿐.

언덕이어. 언덕이어. 텅 비인 언덕이어.
아무 일도 네겐 다시 없었더니라.

마리아와 살로메와 아고보와 마리아와
멀리서 연인들이 흐느껴 울 뿐.

몇오리의 풀잎이나 불리웠을지,

휘휘로히 바람 결에 불리웠을지,

언덕이어. 죽음이어. 언덕이어. 고요여.
아무일도 네겐 다시 없었더니라.

갈보리의 노래 2

 마지막 내려 덮는 바위 같은 어둠을 어떻게 당신은 버틸 수가 있었는가? 뜨물 같은 치욕(恥辱)을, 불붙는 분노(憤怒)를, 에어 내는 비애(悲哀)를, 물새 같은 고독(孤獨)을 어떻게 당신은 견딜 수 있었는가? 꽝꽝쳐 못을 박고, 창끝으로 겨누고, 채찍질해 때리고, 입맞추어 배반(背反)하고, 매어 달아 죽이려는, 어떻게 그 원수(怨讐)들을 사랑할 수 있었는가? 어떻게 당신은 강할 수가 있었는가? 파도(波濤)같이 밀려오는 승리(勝利)에의 욕망(欲望)을 어떻게 당신은 버릴 수가 있었는가? 어떻게 당신은 패(敗)할 수가 있었는가? 어떻게 당신은 약(弱)할 수가 있었는가?

 어떻게 당신은 이길 수가 있었는가? 방울방울 땅에 젖는 스스로의 혈적(血蹟)으로, 어떻게 만민(萬民)들이 살아날 줄 알았는가? 어떻게 스스로가 신(神)인 줄 믿었는가? 커다랗게 벌리어진 당신의 두 팔에 누구나 달려들어 안길 줄을 알았는가? 엘리…… 엘리…… 엘리…… 엘리…… 스스로의 목숨을 스스로가 매어 달아, 어떻게 당신은 죽을 수가 있었는가? 신이여! 어떻게 당신은 인간(人間)일 수 있었는가? 인간(人間)이여! 어떻게 당신은 신(神)일 수가 있었는가? 아! 방울방울 떨구어지는 핏방울은 잦는데, 바람도 죽고 없고 마리아는 우는데, 마리아는 우는데, 인자(人子)여! 인자(人子)여! 마지막 쏟아지는 폭포(瀑布) 같은 빛줄기를 어떻게 당신은 주체할 수 있었는가?

갈보리의 노래 3

　무엇이 여기서는 일어나야 하는가. 갈보리의 하늘은 여전하구나. 하늘도 해도 있고 여전하구나.

　비틀거리며 비틀거리며 지고 오른 나무들엔 피와 땀의 기름 번들거려 하늘 아래 고웁기도 하구나.

　내가 쓰는 면류관 가시관 위에, 아으 무지개처럼 이제야 둘러 피는 원광을 보라!

　진달래를 이기듯, 네 군데의 못자국은 네 군데의 꽃! 솟구쳐 나온 고운 피여!

　먼 먼 은하에도 한줄기의 피와 강은 서는데, 떨궈지는 방울마다 타는 목마름, 아으 죽음소리,

　어둠소리……한낮의 갈보리는 캄캄해져 오는데 땅들은 갈라지고 무덤들은 트는데,

　엘리…… 엘리…… 엘리…… 아으 사랑하게 하라. 사랑하게 하라.

이제야 다시 한 번 껴안게 하라. 죽음을, 원수를, 어둠을, 밤을 이제야 다시 한 번 껴안게 하라.

쏟아지는 먹비 대신 찬란한 빛 발하는 함빡 빛발들이 쏟아져 오면 가슴마다 새로 발해 빛이 솟으면,

사랑이여! 꽃 빛깔 꽃 빛발에 쓰러지게 하라, 파다아하게 서로 안게 쓰러지게 하라.

파다아하게 서로 안고 일어나게 하라.

시인공화국(詩人共和國)

가을 하늘 트이듯
그곳에도 저렇게
얼마든지 짙푸르게 하늘이 높아 있고
따사롭고 싱그러이
소리내어 사락사락 햇볕이 쏟아지고
능금들이 자꾸 익고
꽃목들 흔들리고
벌이 와서 작업하고
바람결 슬슬 슬슬 금빛 바람 와서 불면
우리들이 이룩하는 시(詩)의 공화국(共和國)
우리들의 영토(領土)는 어디라도 좋다.

우리들의 하늘을 우리들의 하늘로
스스로의 하늘을 스스로가 이게 하면
진실로 그것
눈부시게 찬란한 시인(詩人)의 나라
우리들의 영토(領土)는 어디에라도 좋다.

새푸르고 싱싱한 그 바다―――

지즐대는 파도(波濤)소리 파도(波濤)로써 돌리운
먼 또는 가까운
알맞은 어디쯤의 시인(詩人)들의 나라
공화국의 시민(市民)들은 시인(詩人)들이다.

아 시인(詩人)들의 마음은 시인(詩人)들이 안다.
진실로
오늘도 또 내일도 어제도
시인(詩人)들의 마음은 시인(詩人)들만이 있다.

가난하고 수줍은
수정(水晶)처럼 고독(孤獨)한
갈대처럼 무력(無力)한
어쩌면
아무래도 이 세상엔 잘못 온 것 같은
외따로인 학(鶴)처럼 외따로인 사슴처럼
시인(詩人)은
<u>스스로</u>를 위로(慰勞)하고 <u>스스로</u>를 운다.
아 시인들의 마음은 시인들만이 안다.

실로
사자(獅子)처럼 방만(放漫)하고 양(羊)처럼 겸허(謙虛)한
커다란 걸 마음하며 적은 것에 주저(躊躇)하고
이글이글
분화(噴火)처럼 끓으면서 호소(湖沼)처럼 잠잠한
서슬이 시퍼렇게 서리어린 비수(匕首),
비수(匕首)처럼 차면서도 꽃잎처럼 보드라운
우뢰를 간직하며 풀잎처럼 때로 떠는,

시인(詩人)은 그러면서
오롯하고 당당한
미(美)를 잡은 사제(司祭)처럼 미(美)의 구도자(求道者),
사랑과 아름다움 자유(自由)와 평화(平和)와의
영원(永遠)한 성취(成就)에의 타오르는 갈모(渴慕) 자(者),
그것들을 위해서 눈물로 흐느끼는

그것들을 위해서 피와 땀을 짜내는
또 그것들을 위해서

투쟁(鬪爭)하고 패배(敗北)하고 추방(追放)되어 가는
아 현실(現實) 일체(一切)의 구속(拘束)에서
날아나며 날아나며 자유(自由)하고자 하는
시인(詩人)은
영원(永遠)한 한 부족(部族)의 아나키스트들이다.

그
가난하나 다정(多情)하고
외로우나 자랑에 찬
시인(詩人)들이 모인 나란 시(詩)의 공화국(共和國)
아 달처럼 동그란
공화국(共和國)의 시인(詩人)들은 녹색(綠色) 모잘 쓰자.
초록빛에 빨간 꼭지
시인(詩人)들이 모여 쓰는 시인(詩人)들의 모자에는
새털처럼 아름다운 빨간 꼭질 달자.
그리고, 또
공화국(共和國)의 깃발은 하늘색을 하자.
얼마든지 휘날리면 하늘이 와 펄럭이는
공화국(共和國)의 깃발은 하늘색을 하자.

그렇다 비둘기……
너도 나도 가슴에선 하얀 비둘기
푸륵 푸륵 가슴에선 비둘기를 날리자.
꾸륵, 구, 구, 구, 꾸륵!
너도 나도 어깨 위엔 비둘기를 앉히자.
힘있게 따뜻하게,
어깨들을 결고 가면 풍겨오는 꽃바람결,
우리들이 부른 노랜 스러지지 않는다.
시인(詩人)들의 공화국(共和國)은 아름다운 나라다.
눈물과 외로움과 사랑으로 얽혀진
희생(犧牲)과 기도(祈禱)와 동경(憧憬)으로 길리어진
시인(詩人)들의 나라는 따뜻하고 밝다.

시인(詩人)이자 농부(農夫)가 농사(農事)를 한다.
시인(詩人)이자 건축가(建築家)가 건축(建築)을 한다.
시인(詩人)이자 직조공(織造工)이 직조(織造)를 한다.
시인(詩人)이자 공업가(工業家)가 공업(工業)을 맡고,
시인(詩人)이자 원정(園丁), 시인(詩人)이자 목축가(牧畜家), 시인(詩

人)이자 어부(漁夫)들이, 고기 잡고 마소 치고, 꽃도 심고, 길도 닦고,
　시인(詩人)이자 음악가, 시인(詩人)이자 화가들이,
　조각가(彫刻家)들이,
　시인(詩人)들이 모여 사는 시의 나라 살림을,
　무엇이고 서로 맡고 서로 도와 한다.

　시인(詩人)들과 같이 사는,
　시인(詩人)들의 아가씨는 눈이 맑은 아가씨,
　시인(詩人)들의 아가씨도 시인(詩人)이 된다.
　시인(詩人)들의 손자(孫子)들도 시인(詩人)이 된다.
　아, 아름답고 부지런한
　대대(代代)로의 자손(子孫)들은
　공화국(共和國)의 시민(市民),
　시인(詩人)들의 공화국(共和國)은 멸망(滅亡)하지 않는다.

　눈물과 고독(孤獨), 쓰라림과 아픔의
　시인(詩人)들의 마음은 시인(詩人)들이 아는,
　아, 시인(詩人)들의 나라에는 억누름이 없다.
　시인(詩人)들의 나라에는 착취(搾取)가 없다.

시인(詩人)들의 나라에는 도둑질이 없다.
시인(詩人)들의 나라에는 횡령(橫領)이 없다.
시인(詩人)들의 나라에는 증수회(贈收賄)가 없다.
시인(詩人)들의 나라에는 미워함이 없다.
시인(詩人)들의 나라에는 시기(猜忌)가 없다.
시인(詩人)들의 나라에는 위선(僞善)이 없다.
시인(詩人)들의 나라에는 배신(背信)이 없다.
시인(詩人)들의 나라에는 아첨(阿諂)이 없다.
시인(詩人)들의 나라에는 음모(陰謀)가 없다.
아, 시인(詩人)들의 나라에는 당파(黨派)싸움이 없다.
시인(詩人)들의 나라에는 피흘림과 살인(殺人),
시인(詩人)들의 나라에는 학살(虐殺)이 없다.
시인(詩人)들의 나라에는 강제수용소(强制收容所)가 없다.
시인(詩人)들의 나라에는 공포(恐怖)가 없다.
시인(詩人)들의 나라에는 집 없는 아이가 없다.
시인(詩人)들의 나라에는 굶주림이 없다.
시인(詩人)들의 나라에는 헐벗음이 없다.
시인(詩人)들의 나라에는 거짓말이 없다.
시인(詩人)들의 나라에는 음란(淫亂)이 없다.

그리하여 아, 절대의 평화(平和), 절대의 평등(平等),
절대의 자유(自由)와 절대의 사랑.
사랑으로 스스로가 스스로를 다스리고,
사랑으로 이웃을 이웃들을 받드는,
시인(詩人)들의 나라는 시인들의 비원(悲願)
오랜 오랜 기다림이 이루어져야 할 것이다.

그러나 시인(詩人), 어쩌면,
이 세상엘 시인(詩人)들은 잘 못내려 온 것일까?
어디나 이 세상은 시의 나라가 아니다.
아무데도 이 땅위엔 시인(詩人)들의 나라일 곳이 없다.
눈물과 고독(孤獨)과 쓰라림과 아픔,
사랑과 연민(憐憫)과 기다림과 기도(祈禱)의,
시인(詩人)들의 마음은 시인(詩人)들만이 아는,
시인(詩人)들이 이룩하는 시인공화국(詩人共和國),
이 땅위는 어디나 시인(詩人)들의 나라이어야 한다.

Part. 3 — 청록파 시인들의 현실 참여시

제2부

조지훈
『역사 앞에서』

눈 오는 날에

검정 수목 두루마기에
흰 동정 달아 입고
창에 기대면

박넌출 상기 남은
기울은 울타리 위로 장독대 위로
새하얀 눈이
내려 쌓인다

홀로 지니던 값진 보람과
빛나는 자랑을 모조리 불사르고
소슬한 바람 속에
낙엽(落葉)처럼 무념(無念)히 썩어 가면은

이 허망(虛妄)한 시공(時空) 위에
내 외로운 영혼 가까이
꽃다발처럼 꽃다발처럼
하이얀 눈발이
내려 쌓인다

마음 이리 고요한 날은
아련히 들려오는
서라벌천년(千年)의 풀피리 소리

비애(悲哀)로 하여 내 혼이 야위기에는
절망(絶望)이란 오히려
내리는 눈처럼 포근하구나.

동물원의 오후(動物園의 午後)

마음 후줄근히 시름에 젖는 날은
동물원(動物園)으로 간다.
사람으로 더불어 말할 수 없는 슬픔을
짐승에게라도 하소해야지.

난 너를 구경 오진 않았다.
뺨을 부비며 울고 싶은 마음.
혼자서 숨어앉아 시(詩)를 써도
읽어 줄 사람이 있어야지
쇠창살 앞을 걸어가며
정성스레 써서 모은 시집(詩集)을 읽는다.

철책(鐵柵) 안에 갇힌 것은 나였다.
문득 돌아다보면
사방(四方)에서 창살 틈으로
이방(異邦)의 짐승들이 들여다본다.

'여기 나라 없는 시인(詩人)이 있다'고
속삭이는 소리……

무인(無人)한 동물원의 오후(動物園의 午後) 전도(顚倒)된 위치(位置)에
통곡(痛哭)과도 같은 낙조(落照)가 물들고 있었다.

산상의 노래(山上의 노래)

높으디 높은 산마루
낡은 고목(古木)에 못 박힌 듯 기대어
내 홀로 긴 밤을
무엇을 간구하며 울어 왔는가.

아아 이 아침
시들은 핏줄의 굽이굽이로
사늘한 가슴의 한복판까지
은은히 울려오는 종소리.

이제 눈감아도 오히려
꽃다운 하늘이거니
내 영혼의 촛불로
어둠 속에 나래 떨던 샛별아 숨으라.

환희 트이는 이마 위
떠오르는 햇살은
시월상달의 꿈과 같구나.

메마른 입술에 피가 돌아
오래 잊었던 피리의
가락을 더듬노니

새들 즐거이 구름 끝에 노래 부르고
사슴과 토끼는
한 포기 향기로운 싸릿순을 사양하라.

여기 높으디 높은 산마루
맑은 바람 속에 옷자락을 날리며
내 홀로 서서
무엇을 기다리며 노래하는가.

역사(歷史) 앞에서

만신(滿身)에 피를 입어 높은 언덕에
내 홀로 무슨 노래를 부른다
언제나 찬란히 티어 올 새로운 하늘을 위해
패자(敗者)의 영광(榮光)이여 내게 있으라.

나조차 뜻 모를 나의 노래를
허공(虛空)에 못박힌 듯 서서 부른다.
오기 전 기다리고 온 뒤에도 기다릴
영원(永遠)한 나의 보람이여

묘막(渺漠)한 우주(宇宙)에 고요히 울려 가는 설움이 되라.

절망의 일기(絶望의 日記)

6월 25일

성북동(城北洞) 산골짜기
방문을 열어놓고
세상모르고 떨어진 잠을
깨우는 이 있어 눈을 떠보니
목월(木月)이 문득 창밖에 섰다.

"거리에는 호외(號外)가 돌고 야단이 났는데
낮잠이 다 무엇이냐"고.

괴뢰군 남침(傀儡軍 南侵)—

소연(消然)히 담배에 불을 단다.
언젠가 한 번은 있고야 말 날이
기어이 오늘에 오고 말았구나.

가슴에서 싸느란 것이 내려앉는다

구름처럼 흘러가던 마음이 고개를 든다.
흡사 슬픔과도 같은 것이 스쳐간다

―아무렇지가 않다.

6월 26일

오후(午後) 두 시(二 時)
고려대학교(高麗大學校) 삼 층(三層)에서 '시론(詩論)'을 얘기한다.

의정부방면(議政府方面)의 총성(銃聲)이 들려온다
교정의 스피커에서 전황보도(戰況報道)가 떤다.

청춘(靑春)에는 우원(迂遠)한 언어(言語)가 차라리 마이동풍(馬耳東風)
허나 시(詩)는 진실로 이런 때 서는 것을 ……

"불안(不安)과 존재(存在)의 의미(意味)를

너 오늘에야 알리라"

수런대는 가슴들이 눈을 감는다
오늘 흩어지면 우리는 다시
이승에선 못만난다는 슬픈 가능성(可能性)

이 가열(苛烈)한 마당에 다시 고쳐 앉아
인정(人情)의 약함에 눈물 지움은
또 얼마나 값진 힘이랴.

도어를 밀고 나온다.
시(詩)가 전운(戰雲) 속으로 숨는다.

*

산(山)머리를 몽몽(濛濛)한 포연(砲煙)이 덮는다.
황혼(黃昏)에 목남(木南)이 찾아왔다.

서울 후퇴(後退)는 불가피(不可避)라고-

우리는 어쩔 것이냐.

어쩔 것이 아니라 이미 어쩔 수 없는 길
마음이 왜 이리 갈앉는단 말가.

그 마음을 목남(木南)이 안다고 한다
찾아온 것이 실상 그 마음이라고.

삶과 죽음의 공포(恐怖)에
누가 흔들리지 않는다 하랴마는

"더럽게 살지말자
 더럽게 죽어서는 안 된다."

이 지조(志操)를 배우는 자승자박(自繩自縛)이여
내 오늘 그 힘을 입어 죽음 앞에 나설 수 있음이여

이 작은 시간(時間)의 여유(餘裕)있음을
오직 감사(感謝)하라.

6월 27일

새벽에 온 가족(家族)이 결별(訣別)하다.
죽지 않으면 다시 만나게 되리라고 ······

때 아닌 새 옷을 갈아입고 좋아하던
어린 것의 얼굴이 자꾸만 눈에 밟힌다.

"죽음을 너무 가벼이 스스로 택하진 말라"하시던
아 아버지 말씀.이른 아침에 동리(東里)를 찾다
목남(木南)이 그리로 오마고 했다.
주인(主人)이 아침쌀을 구해가지고 돌아왔다.
그의 가족(家族)과 함께 흰 죽을 나눈다.

비상국민선전대(非常國民宣傳隊) 마이크 앞에
미당(未堂)이 섰다."시민(市民) 여러분 우리는
어떻게 살았으면 좋겠습니까?"

이 아무렇지도 않은 한마디에
눈물이 쏟아진다. 이고 지고 떠나가는 저 백성이
누가 이 말을 듣는다 하랴.
시인(詩人)의 말은 항상
저를 채찍질 할 뿐.

문예(文藝)빌딩 지하실(地下室)에 거적을 깔고
최후(最後)의 농성(籠城)을 하기로 했다.

이미 자신(自身)을 율(律)하고 나면 개죽음도 또한 입명(立命)
그래도 혼자서 죽기가 싫다 너무 외롭다.

국방부 정훈국(國防部 政訓局)에서
의정부탈환(議政府奪還)의 축배(祝盃)를 든다.
새파란 전투복(戰鬪服)을 갈아입은
김현수 대령 (金賢洙 大領)!
이 술을 다 마시고 취해서 죽는다 하니
떠나기를 재촉하는 벗의 손길이 눈물겨웁다."국민(國民) 앞에 사과

(謝過)하고 세계(世界)에 호소(呼訴)한 다음
　방송국(放送局)을 파괴(破壞)하는 것이 하나 남은 책무(責務)"라고

껴안고 얘기하는 colonel 김 ──
안다 안다 이 마당에 무슨 거짓이 있느냐.

진실(眞實)한 사람에게는 거짓말도 참말이다.
그대 마음을 내가 안다.
문예(文藝)빌딩 지하실(地下室)에
오마고한 벗들이 하나도 없다. 밤은 열한 시(時)
술에 취한 미당(未堂)과 목월(木月)과 목남(木南)과 나와
부슬비 내리는 밤거리로 나선다.

원효로(元曉路) 종점(終點) 아는 집에 누워
마지막 방송(放送)을 들으며 눈을 감는다.
"조국(祖國)이여! 겨레여! 아아 산하(山河)여!"
목메여 굽이치는 시낭독(詩朗讀) 소리사람은 가고 목소리만 남아서
돈다.

목소리만 있어도 안심(安心)이다 외롭지 않다.
무슨 천벌(天罰)과도 같이 벽력(霹靂)이 친다.
우리의 갈 길은 영영 끊어지고 만 것을……
한강(漢江) 언덕 여기가 서울 최후(最後)의 보루(堡壘) 그 지점(地點)에서
귓구녕을 틀어막고 잠이 든다.
소리없이 느껴우는 소리가 들린다.

6월 28일

어디로 가야하나 배수(背水)의 거리에서
문득 이마에 땀이 흐른다.

아침밥이 모래같다.
국물을 마셔도 냉수(冷水)를 마셔도
밥알은 영 넘어가질 않는다.

마음이 이렇게도

육체(肉體)를 규정(規定)하는 힘이 있는가.
마포(麻浦)에서 인도교(人道橋) 다시 서빙고(西氷庫) 광나루로
몰려나온 사람은 몇십만(十萬)이냐, 붉은 깃발과 붉은 노래와 탱크와
그대로 사면초가(四面楚歌) 이 속에 앉아

넋없이 피우는 담배도 떨어졌는데
나룻배는 다섯 척 바랄 수도 없다.

아 나의 가족(家族)과 벗들도 이 속에 있으련만
어디로 가야하나 배수(背水)의 거리에서
마침내 숨어 앉은 절벽(絶壁)에서
한 척의 배를 향해 뛰어내린다.

헤엄도 칠 줄 모르는
이 절대(絶對)의 투신(投身)!
비 오던 날은 개고 하늘이 너무 밝아 차라리 처참(悽慘)한데
한강(漢江)의 저 언덕에서 절망(絶望)이 떠오른다.아 죽음의 한 순간(瞬間) 연기(延期)

전선의 서(戰線의 書)

생명(生命)이란 진실로 내 지난날 생각하던 것처럼 그렇게 가벼운 것은 아니었노라.

총알이 옆구리를 꿰뚫어도 총알이 가슴에 박혀도 불타는 생명(生命)의 차(庫)집 그 오묘(奧妙)한 세포(細胞)속 구석 구석이 자리한 영혼(靈魂)을 샅샅이 명중(命中)하기 전에는 오직적진(敵陣)으로 적진(敵陣)으로 달리는 부르짖음이 있을 뿐

아 주검을 홍모(鴻毛)에다 비긴 자(者)에게 만이 생명은 이렇게도 악착한 것이었노라.

포탄(砲彈)의 태풍(颱風)이 마을을 걷어가버린 뒤 사람 그림자 하나 없고
개 닭소리조차 그친 마을에

오곡(五穀)이 제대로 익어 제대로 썩을 지라도 비바람을 무릅쓰고 산골짝에서 호곡(號哭)하며 풀잎으로 목숨을 이으는 백성들

하늘이 계시(啓示)하신 그 의(義)로운 눈물 때문에 짐승과 같이 방황(彷徨)하여 오히려 욕(辱)되지 않는 것

이 악착한 生命(생명)을 깨달은 자(者)만이
주검이란 진실로 삶을 위하여 존재(存在)함을 알리라.

풍류병영(風流兵營)

—종군문인 합숙소(從軍文人 合宿所)에서—

보초(步哨)도 서지 않은 우리들의 병영(兵營)은
낡은 판자울타리에 석류(石榴)나무가 한 그루 서 있는 오막살이다.

생명이 절박(絶迫)할수록
우리는 더욱 멋스러워지는 병정(兵丁)

진땀이 흐르는 삼복(三伏) 더위에
웃통을 벗어부치고 들러앉아 將棋(장기)를 두고
포탄(砲彈)이 떨어지는 밤에도
사과로 담근 김치를 안주해서 막걸리를 마신다.

허나 명령(命令)만 내리면 언제나
무장(武裝)을 갖추고 대기(待機)한다——펜과 종이
우리는 순식간에 책상 장기판 툇마루 들마루를 모조리 점령(占領)하고 만다
"작전(作戰)상 필요(必要)한 고지(高地)를 확보하라."

여기가 우리들의 싸움터 적(敵)의 가슴을 명중(命中)하는 지탄(紙彈)을 만발하는 곳이다

서울에 남기고 온 가족과 벗들이 그리워 소리없는 울음을 울며
"멀지 않아 우리들 서울에 갈 것입니다"라는
편지를 쓰는 곳도 여기다.

총칼 없는 병정(兵丁)인 우리들 가슴에는
하이얀 청산가리(靑酸加里)가 마련되었는데
올 적에 새파랗던 석류(石榴)열매는
어느 새 다 익어서 아귀가 벌었나.

종군문인(從軍文人) 합숙소(合宿所) 뒤뜰 푸른 하늘에
자폭(自爆)한 심장(心臟) 석류(石榴)가 하나.

다부원(多富院)에서

한 달 농성(籠城) 끝에 나와보는 다부원은
얇은 가을 구름이 산마루에 뿌려져 있다

피아(彼我) 공방(攻防)의 포화(砲火)가
한 달을 내리 울부짖던 곳

아아 다부원(多富院)은 이렇게도
대구(大邱)에서 가까운 자리에 있었구나.

조그만 마을 하나를
자유(自由)의 국토(國土) 안에 살리기 위해서는

한해살이 푸나무도 온전히
제 목숨을 다 마치지 못했거니

사람들아 묻지를 말아라
이 황폐(荒廢)한 風景(풍경)이
무엇 때문의 희생(犧牲)인가를 ……

고개 들어 하늘에 외치던 그 자세(姿勢)대로
머리만 남아 있는 군마(軍馬)의 시체(屍體)

스스로의 뉘우침에 흐느껴 우는 듯
길옆에 쓰러진 괴뢰군 전사(傀儡軍 戰士)

일찍이 한 하늘 아래 목숨 받아
움직이던 생령(生靈)들이 이제
싸늘한 가을바람에 오히려
간 고등어 냄새로 썩고 있는 다부원(多富院)

진실로 운명(運命)의 말미암음이 없고
그것을 또한 믿을 수가 없다면
이 가련한 주검에 무슨 안식(安息)이 있느냐.

살아서 다시 보는 다부원(多富院)은
죽은 자(者)도 산 자(者)도 다 함께
안주(安住)의 집이 없고 바람만 분다.

서울에 돌아와서

망우리(忘憂里)를 돌아들면
아 그리운 서울!

예서 죽기로 했던 이 몸이 다시 살아
돌아오는 서울은 구십일 전장(九十日 戰場)

죽지 않고 살았구나 모르던 사람들도
살아줘서 새삼 고마운데

손을 흔들며 목이 메여 불러주는
만세(萬歲) 소리에 고개를 숙인다 눈시울이 더워진다.

나의 조국(祖國)은 나의 양심(良心)
내사 충성(忠誠)도 공훈(功勳)도 하나없이 돌아왔다

버리고 떠나갔던 성북동 옛집에
피난(避亂)갔던 가족(家族)이 돌아와 풀을 뽑는다

밤길을 걸어서 아이를 데리고

울며 갔다는 먼 산중 절간

아내는 아는 집에 맡겨 논 보퉁이를
찾으러 가고 없고

도토리 따먹느라 옻이 올라 진물이 나는
세 살 백이 어린 것을 안고 뺨을 부빈다

"가재 잡아 구워먹는 맛이 참 좋더라"는 말
아 여섯 살짜리 큰 놈이 들어온다.

애비를 잘못 둔 탓
찢어져 죽었다면 어쩔 것이냐.

밤마다 죄지은 듯 아프던 가슴
근심은 실상 그것 밖에 없었더니라.

아 나의 어버이도
이렇게 나를 사랑했으리라.

아버지가 안계시다
죽을까 염려하시던 자식은 살아왔는데

원수가 돌려준 아버지 세간
안경(眼鏡)과 면도(面刀)만이 돌아와 있다.

어머니는 아직
짓밟힌 고향에서 소식이 없다.

서른을 넘어서 비로소 깨달은
내 육친(肉親)에의 사랑이 아랑곳 없음이여.

아내를 만나지 않고 집을 나선다
백의종군(白衣從軍) 내 몸이 인정 탓으로
신의(信義)를 저버림 어쩌하느냐.

서울신문사(社) 편집실(編輯室)에서
석천(昔泉) 선생이 손을 잡고 운다

"영랑(永郞)이 죽었다"고,
아 그 우는 얼굴.

옛날 명동(明洞) 거리를 찾아간다
숨었다가 겨우 산 옛벗을 만난다
껴안을 수가 없다
말조차 없는 그 대면(對面)
저무는 거리에서 트럭을 타고
우이동(牛耳洞) CP를 찾아간다.

가족(家族)의 생사를 아직 모르는 목월(木月)을 보내고
내 혼자 이 밤을 거기서 자리라.

사단장(師團長) R 준장(准將)이 웃으며 맞아준다
"오늘 저녁에 안 오실 줄 알았는데
죽다가 산 사람들끼리 하소연 많을텐데 ……"

무기(武器)도 하나 없이 암호(暗號)를 외우며
어두운 밤길을 혼자서 걸어온다.

돈암리(敦岩里) 길가에서 주워 업은 전쟁고아(戰爭孤兒)는
이름을 물어도 나이를 물어도 대답이 없다.

봉일천 주막(奉日天 酒幕)에서

 평양(平壤)을 찾아간다. 임을 찾아서. 임이사 못 뵈와도 소식이나 들을까 하고…….

 비행기는커녕 군용트럭 하나도 봐주는 이 없는데 여비(旅費)를 준다는 '북한파견문화반(北韓派遣文化班)' 그 명단(名單)에도 내 이름은 없다.

 맨주먹으로 나서도 평양(平壤)은 내가 먼저 가고 말리라.
 따라나선 동행(同行)은 운삼(雲三)이와 재춘(在春)이 녹번(錄磻)이 고개 넘어 몇리(里)를 왔노 여기는 파주(坡州)땅 봉일천리(奉日天里). 주막집 툇마루에 앉아 술을 마신다.

 군가도 소리 높이 몰려가는 트럭 위엔 가득 탄 젊은이와 아낙네들의 사투리가 웃고 있다. 고향 가는 기쁨에 ……. 나를 위해 세워주는 트럭은 하나도 없고

 걸어서 파주(坡州)땅에 오늘밤을 자야하나 평양(平壤)을 가야 한다.
 봉일천 주막(奉日天 酒幕)에 해가 지는데 …….

패강무정(浿江無情)

평양(平壤)을 찾아 와도 평양성(平壤城)엔 사람이 없다.

대동강 언덕길에는 왕닷새 베치마 적삼에 소식장총(蘇式長銃)을 메고 잡혀 오는 여자 빨치산이 하나

스탈린 거리 잎 지는 가로수(街路樹) 밑에 앉아 외로운 나그네처럼 갈 곳이 없다.

십년전(十年前) 옛날 평원선(平元線) 철로 닦을 무렵, 내 원산(元山)에서 길 떠나 양덕(陽德) 순천(順川)을 거쳐 걸어서 평양(平壤)에 왔더니라.

주머니에 남은 돈은 단돈 십이 전(十二錢), 냉면(冷麵) 쟁반 한 그릇 못 먹고 쓸쓸히 웃으며 떠났더니라.

돈 없이는 다시 안 오리라던 그 평양(平壤)을 오늘에 또 내가 왔다 평양(平壤)을, 내 왜 왔노.

대동문(大同門) 다락에 올라 흐르는 물을 본다. '패강무정(浿江無情)'

십년(十年) 뒤 오늘! 아, 가는 자(者) 이 같구나, 서울 최후(最後)의 날이 이 같았음이여!

종로(鍾路)에서
―다시 서울을 떠나며―

첩첩이 문을 닫아걸고
사람들은 모두 다 떠나 버렸다

이룩하기도 전에 흔들리는 사직(社稷)을 근심하고
조국(祖國)의 이 간난(艱難)한 운명(運命)을 슬퍼하여

사람들은 저마다 신념(信念)의 보따리를 짊어진채
아득한 천애(天涯)의 어느 일각(一角)으로 표표(飄飄)히 사라졌는데

차운 서천(西天)에 노을이 물드는종로(鍾路)네거리
종루(鍾樓)는 불이 타고 종(鍾)은 남아있는데

몸을 던져서 종(鍾)을 울려보나
울지않는 종(鍾)나의 심장(心臟)만 터질듯 아프다

십리(十里) 둘레의 은은한 포성(砲聲)때문에
안타깝게 고요한 거리에는

황소처럼 목놓아 우는 사나이도 없고

영하(零下) 십칠도(十七度)의 추위에 입술이 타오른다.

불의(不義)의 그늘에선 숨도 쉬기 싫어서
차라리 일절(一切)을 포기(抛棄)하고 발가숭이가 디고저

사람들은 모두다 떠나버렸다
첩첩이 문을 닫아건 종로(鐘路)의 적요(寂寥)
아아 이제 나마저 떠나고 나면
여기 오랑캐의 노래가 들려오리라
허나 꽃피는 봄이 오면
서울은 다시 우리의 서울

내 여기 검은 흙 속에
가난한 노래를 묻고 간다.

이날에 나를 울리는

아무일 없어도 십년(十年)이면
강산(江山)조차 변한다는데

만고풍우(萬古風雨)에 시달린 가슴이라
십년(十年)이 오히려 백년(百年)같다.

강산(江山)은 변해도 옛모습 그대로
헐벗은채 수려(秀麗)한 저 산용(山容)이여!

변한 것은 오직 사람뿐이다
십년전(十年前) 오늘의 그 마음 어디로

옷깃을 바로잡고 눈감아 보노니
몹쓸 인정에 병든 조국(祖國)아

터지는 환희(歡喜)는 아쉬운 추억(追憶)
갈수록 새로운 이 비원(悲願)을 어쩌랴.

못믿을 사람과 못믿을 하늘

더 없는 사랑은 울다가 홀로 간다.

아 팔월십오일(八月十五日) 이날에 나를 울리는
모국(母國)이여 산하(山河)여 못잊을 인정이여.

불타는 밤거리

태초(太初)의 하늘에서 얻은 불길에
여기 낡은 지혜(知慧)의 저자가 탄다.

허물어져 가는 성벽(城壁) 위로
오늘도 헛되이 백일(白日)은 기울어

바람에 쏠라는 구름 속에는
무수한 별빛이 부서진다. 쫓겨난 생령(生靈)의 울부짖음마저
이제는 고요히 잠들었는데

여기 들리느니 푸른 기왓장과
붉은 벽돌 조각이 터지는 소리.

어두운 성문(城門)을 쪼개고
흩어진 사람들은 날이 새이면

또다시 이웃 마을의
남은 재목(材木)을 싣고 오리라

몇 번이나 지나간 겁화(劫火)속에도
오히려 타고 남은 병든역사(歷史)가 있어

서러울수록 고요한 이 길을

아득히 아득히 먼 곳에서
잔잔히 흘러오는 강물소리……

비혈기(鼻血記)

 아아(峨峨)한 산맥이 보름달을 소화(消火)한 뒤 검은 베일 뒤에 귀또리 울음만이 떨고 있다. 램프는 폐(肺)를 앓는 것이고 찌그러진 책상에는 키르케골이 밤새 흐느껴 우는 것이다. 이런 슬픈 무대에서 나는 화주(火酒) 몇 잔에 10세기는 정조(貞操)를 팔고 불쌍한 배우(俳優)가 되어 있다. 속악(俗惡)한 흥행사(興行師) 이십세기(二十世紀)는 램프와 함께 나를 절명(絶命)하라지만 나는 죽지 않는다. 죽을 수가 없다. 내가 나를 반역(反逆)하는 길은 아무리 짓밟혀도 살아 있다는 존재 그것뿐 - 침을 뱉어라 침을 뱉는 이가 누구냐. 돌을 던져라 돌을 던질 사람이 하나도 없다는 것이 서럽구나. 신이여! 항상 저희를 살려 두시고 괴롭히시는 당신의 비주정신(悲劇精神)을 저희는 존중(尊重)하옵니다. 죽어서 비웃음 받을 슬픔보다는 살아서 올 수도 없는 회한(悔恨)을 주십시오. 눈물을 잊어버린 사나이에게 어쩌자구 한 잔 술을 권하는 사람들만 이리도 많은가 꼭 같은 한(恨)이 있어 같이 울자구 이 술잔 이 동정(同情)을 내게 주는가. 술을 마시고 피를 뽑아주마. 더운 피를 아낌없이 너를 위해 뽑아주마. 어둔 밤에 어둔 밤에 소상강(瀟湘江) 물소리처럼 흐르는 코피 손수건도 걸레쪽도 빛이 변했다. 그리운 옛날의 어느 마을 앞 굽이치는 강물에 복사꽃 지는 철이 이러했었다. 림색(淋濇)한 핏방울에 옷을 적시고 슬픈일이 없어서 웃어본다. 이러한 밤에 내가 부르고 싶은 단 하나의 이름이여 --- 당신이 나눠주신 피를 저는 이렇게

헐값으로 흘리고 있습니다.

Part. 3 — 청록파 시인들의 현실 참여시

제3부

조지훈
『여운餘韻』

설조(雪朝)

천산(千山)에
눈이 내린 줄을
창 열지 않곤
모를 건가.

수선화(水仙花)
고운 뿌리가
제 먼저
아는 것을—

밤 깊어 등불 가에
자욱이 날아오던
상념(想念)의
나비 떼들

꿈속에 그 눈을 맞으며
아득한 벌판을
내 홀로
걸어갔거니.

무슨 광명(光明)과
음악(音樂)과도 같은 감촉(感觸)에
눈뜨는
이 아침

모든 것을
긍정(肯定)하고픈 마음에
살래 살래
고개를 저으며
내려 쌓인
눈발

천산(千山)에
눈이 온 줄을
창 열지 않고도
나는 안다

여운(餘韻)

물에서 갓 나온 여인(女人)이
옷 입기 전 한때를 잠깐
돌아선 모습

달빛에 젖은 탑(塔)이여!
온몸에 흐르는 윤기는
싱긋한 풀내음새라.

검푸른 숲 그림자가 흔들 때마다
머리채는 부드러운 어깨 위에 출렁인다.

희디흰 얼굴이 그리워서
조용히 옆으로 다가서면
수줍음에 놀란 그는
흠칫 돌아서 먼뎃산을 본다.

재빨리 구름을 빠져 나온
달이 그 얼굴을 엿보았을까
어디서 보아도 돌아선 모습일 뿐.

영원히 얼굴은 보이지 않는
탑(塔)이여!

바로 그 때였다. 그는
남갑사(藍甲紗) 한 필을 허공(虛空)에 펼쳐
그냥 온 몸에 희갑은 채로
숲속을 향하여
조용히 걸어가고 있었다.

한 층
두 층
발돋움하며 나는

걸어가는 여인(女人)의 그 검푸른
머리칼 너머로
기우는 보름달을
보고 있었다.

아련한 몸매에는 바람소리가
잔잔한 물살처럼 잠기고
있었다.

범종(梵鐘)

무르익은 과실(果實)이
가지에서 절로 떨어지듯이 종소리는
허공(虛空)에서 떨어진다. 떨어진 그 자리에서
종소리는 터져서 빛이 되고 향기가 되고
다시 엉기고 맴돌아
귓가에 가슴속에 메아리치며 종소리는
웅 웅 웅 웅 웅……
삼십삼천(三十三天)을 날아오른다
아득한 것
종소리 위에 꽃방석을
깔고 앉아 웃음 짓는 사람아
죽은 자(者)가 깨어서 말하는 시간
산 자(者)는 죽음의 신비(神秘)에 젖은
이 텅하니 빈 새벽의
공간(空間)을
조용히 흔드는
종소리
너 향기로운
과실(果實)이여!

꿈 이야기

문(門)을 열고
들어가서 보면
그것은 문(門)이 아니었다.

마을이 온통
해바라기 꽃밭이었다
그 헌출한 줄기마다
맷방석만 한 꽃숭어리가 돌고

해바라기 숲 속에선 갑자기
수천 마리의 낮닭이
깃을 치며 울었다.

파아란 바다가 보이는
산 모롱잇길로
꽃상여(喪輿)가 하나
조용히 흔들리며 가고 있었다.

바다 위엔 작은 배가 한 척 떠 있었다.

오색(五色) 비단으로 돛폭을 달고
뱃머리에는 큰북이 달려 있었다.

수염 흰 노인(老人)이 한 분
그 뱃전에 기대어
피리를 불었다.

꽃상여(喪輿)는 작은 배에 실렸다.
그 배가 떠나자
바다 위에는 갑자기 어둠이 오고
별빛만이 우수수 쏟아져 내렸다.

문(門)을 닫고 나와서 보면
그것은 문(門)이 아니었다.

추일단장(秋日斷章)

1

갑자기
산봉우리가 치솟기에

창을 열고
고개를 든다.

깎아지른 돌벼랑이사
사철 한 모양

구름도 한 오리 없는
낙목한천(落木寒天)을

무어라 한 나절
넋을 잃노.

2

마당 가장귀에
얕은 햇살이 내려 앉을 때
장독대 위에
마른 바람이 맴돌 때

부엌 바닥에
북어(北魚) 한마리

마루 끝에
마시다 둔 술 한잔
뜰에 내려 영영(營營)히
일하는 개미를 보다가

돌아와 먼지 앉은
고서(古書)를 읽다가……

3

장미의 가지를
자르고

파초(芭蕉)를 캐어 놓고

젊은 날의 안타까운
사랑과

소낙비처럼
스쳐간
격정(激情)의 세월을
잊어버리자.

가지 끝에 매어달린
붉은 감 하나

성숙(成熟)의 보람에는

눈발이 묻어 온다.

팔짱 끼고
귀기울이는
개울
물소리.

폼페이 유감(有感)

1

폼페이 그날의
메인스트리트 위로
검은 옷 입은
여인(女人)이 걸어온다.

포석(鋪石)에 부딪는
가을의 발자취 소리
바람에 묻어오는
싸늘한 죽음의 감촉(感觸)

하늘을 가리우는
지붕을 걷어버린 이 거리에는
부끄러움 없이 하늘을 쳐다볼
사람이 없다.

손을 흔들며
떠나갔다가는
이내 되돌아오는
초침(秒針)의 가냘픈 전율(戰慄)

우수(憂愁)의 기인
그림자를 거느리고
검은 옷 입은 여인(女人)에게
조용한 목례(目禮)를 보내며

폼페이 그날의
메인스트리트를
내가 걸어간다.

2

형언(形言)할 수 없는 고뇌(苦惱)는
영원(永遠)히 남는 것

그날 아비규환(阿鼻叫喚)의 울부짖음이
화석(化石)된 옆에

마침내 인간(人間)을 구원(救援)할 수 없는
빵 한 조각의 의미(意味)

"숙녀(淑女)는 들어갈 수 없습니다"
밀실(密室)에 열쇠를 꽂으면

천지(天地)가 뒤집힌 벽화(壁畵)를
오늘도 지키는 무구(無垢)한 동자상(童子像)
그 성숙(成熟)한 고추가 뿜는 물은
음료수(飮料水)가 아니었어라.

돈주머니보다 무거운
음락(淫樂)의 저울대 위에

무너져내린 폼페이를
오늘은 이름모를

꽃 한송이가
피어 있다.

3

폼페이 유적(遺蹟)을 본 감회(感懷)가 어떠냐고
나의 어깨를 치며 백발(白髮)의 신사(紳士)가 묻는다.

오늘의 우리 문명(文明)도 이같은
운명(運命) 앞에 서게 된 것을……

화산(火山)이냐구요?

그렇습니다 영원(永遠)한 활화산(活火山)이지요.

오늘 폼페이 페허(廢墟)에
다시 날아오는 죽음의 재는 무엇입니까

노을을 등에 진 노신사(老紳士)의
흰 머리칼 위에 박모(薄暮)가 내려앉는다.

소리

햇살 바른 곳에 눈을 꼬옥 감고 서 있으면
귀가 환하게 열려온다.

환히 열리는 귀 속에 들려오는 소리는
화안한 빛을 지닌 노랫소리 같다.

지금 마악 눈 덮인 앞산을 넘어
밭고랑으로 개울가로
퍼져 가는 바람 소리는 연두빛이다.

냉이싹 보리싹 오맛 푸나무 잎새들이
재잘거리는 소리다.
그것은 또 버들피리 소리가 난다.

그리고 논두렁으로 도랑가으로
울타리 옆으로 흙담 밑으로
살살 지나가는 바람은 노랑빛이다.

민들레 개나리 또는 담을 넘어

팔랑팔랑 날아오는 노랑나비 날개 빛이다.
아 이것은 바로 꾀꼬리 소리다.

그리고는 또 이제 앞뒷산으로
병풍을 두르듯이 휘도는 세찬 바람 소리는
연분홍 보라빛 꼭두서니 빛이다.

진달래 복사꽃 살구꽃 빛이다.
온 마을을 온통 고까옷을 입혀 놓는 명절 빛이다.
아 이건 애국가 합창 소리가 난다.
눈을 뜨면 아무 소리도 없고
귀를 감으면 아무 빛도 안 보인다
앙상히 마른 나무가지와 얼어붙은 흙뿐이다.

그러나 봄은 겨울 속에 있다.
풀과 꽃과 열매는
얼음 밑에 감추어 있다.

그리고 꿈은 언제나 생시보다는

한철을 다가서 온다.

햇살 바른 곳에 눈을 꼬옥 감고 서 있으면
화안한 새 세상이 보인다.

터져 오르는 함성(喊聲)

네 벽(壁) 머리를 두드려 봐도
이것은 꽝꽝한 바윗속이다.

머리 위에 푸른
하늘이 있어도
솟구칠 수가 없구나
민주주의(民主主義)여!

절망(絶望)하지 말아라
이대로 바위 속에 끼어 화석(化石)이 될지라도
1960년대의 포악(暴惡)한 정치(政治)를
네가 역사(歷史) 앞에 증거하리라.

권력(權力)의 구둣발이 네 머리를 짓밟을지라도
잔인(殘忍)한 총알이 네 등허리를 꿰뚫을지라도
절망(切望)하지 말아라 절망(切望)하지 말아라
민주주의(民主主義)여!

백성의 잎을 틀어막고 목을 조르면서
"우리는 민주주의(民主主義)를 신봉한다."고

외치는 자(者)들이 여기도 있다
그것은 양(洋)의 탈을 쓴 이리

독재(獨裁)가 싫어서 독재주의(獨裁主義)와 싸운다고
손뼉치다가 속은 백성들아
그대로 절망(切望)하지 말아라
민주주의(民主主義)여!

생명(生命)의 밑바닥에서 터져오르는 함성(喊聲)
그 불길에는
짓눌려놓은 바위 뚜껑도 끝내
하늘로 튕겨지고 마는 것

가슴을 꽝꽝 두드려 봐도
울리는 것은 자유(自由)의 심장(心臟), 그것은 광명(光明)

암흑(暗黑)의 벌판에 물길을 뚫고
구비치는구나 이 격류(激流)에
바위도 굴러내린다.

절망(絶望)하지 말아라
이대로 가시를 이고 바다 속에 던져질지라도
불의(不義)를 증오(憎惡)하고 저주(咀呪)하는 파도(波濤)는

네 몸의 못자욱을
고발(告發)하리라 백일(白日) 아래
민주주의(民主主義)여!

사랑하는 아들딸들아
― 4월(四月) 의거(義擧) 학생(學生) 부모(父母)의 넋두리에서 ―

어머니들은 대문에 기대어서 밤을 새우고
아버지들은 책상 앞에 턱을 괴고 앉아 밤을 새운다.
비록 저희 아들딸이 다 돌아왔다 한들 이 밤에
어느 어버이가 그 베갯머리를 적시지 않으랴.

사랑하는 아들딸들아
우리는 늬들을 철모르는 아인 줄로만 알았다.

마음 있는 사람들이 썩어가는 세상을 괴로워하여
몸부림칠 때에도
그것을 못 본 듯이 짐짓 무심하고 짓궂기만 하던 늬들을
우리는 정말 철없는 아인 줄로만 알고 있었다.
그러니 어찌 알았겠느냐 그날 아침
여늬때와 다름없이 책가방을 들고
태연(泰然)히 웃으며 학교로 가던 늬들의 가슴 밑바닥에
냉연(冷然)한 결의(決意)로 싸서 간직한 그렇게도 뜨거운
불덩어리가 있었다는 것을
사랑하는 아들딸들아 우리는 아직도 모른다.

무엇 때문에 어린 늬들이
너희 부모(父母)와 조상이 쌓아온 죄를 대신 속죄(贖罪)하여
피 흘리지 않으면 안 되었다는 것을

연약한 가슴을 헤치고 목메어 외치는 늬들의 순정(純情)을
총칼로 무찌른 무리가 있었다는 것을

아무리 죄 지은 자(者)일지라도 늬들 앞에 진심의 참회
부드러운 위로 한마디의 언약(言約)만 있었더라면
늬들은 조용히 물러나왔을 것을
그렇게까지 너희들이 노(怒)하지는 않을 것을
그 값진 피를 마구 쏟고 쓰러지지는 않았을 것을
사랑하는 아들딸들아
너희는 종래 돌아오지 않는구나
어느 거리에서 그 향기 높은 선혈(鮮血)을 쏟고 쓰러졌느냐.
어느 병원(病原) 베드 위에서 외로이 신음(呻吟)하느냐 어느 산골에서

굶주리며 방황하느냐.

고귀(高貴)한 희생이 된 너희로 하여
민족만대 맥맥(民族萬代 脈脈)히 살아 있는 꽃다운 혼(魂)을
폭도(暴徒)라 부르던 사람들도 이제는 너희의 공(功)을 알고 있다.
떳떳하고 귀한 일 했으며 너희
부몬들 또 무슨 말이 있겠느냐마는 아무리 늬들의 공(功)이
조국(祖國)의 역사(歷史)에 남아도

너희보다 먼저 가야할 우리 어버이 된 자(者)의 살아남은 가슴에는
죽는 날까지 빼지 못할 못이 박히는 것을 어쩌느냐.

사랑하는 아들딸들아
참으로 몰랐다 너희들이 이렇게 가야 할 줄을
너희 부모들은 길이 두고 마음 속에 너를 기다려
문에 기대서고 책상 앞에 턱 괴고 밤을 새울 것이다.

모진 바람에 꽃망울조차 떨어지고
총소리 속에 먼동이 터 온다.

아 우리 사랑하는 아들딸들아
고이 잠들거라.

늬들 마음을 우리가 안다
—어느 스승의 뉘우침에서—

그날 너희 오래 참고 참았던 의분(義憤)이 터져
노도(怒濤)와 같이 거리로 거리로 몰려가던 그때
나는 그런줄도 모르고 연구실(研究室) 창턱에 기대 앉아
먼산을 넋없이 바라보고 있었다.

오후 두시(午後 二時) 거리에 나갔다가
비로소 나는 너희들 그 무엇으로도 막을 수 없는 물결이
의사당(議事堂) 앞에 넘치고 있음을 알고
늬들 옆에서 우리는 너희의 불타는
눈망울을 보고 있었다.
사실을 말하면 나는 그날 비로소
너희들이 갑자기 이뻐져서 죽겠던 것이다.

그러나 이것은 어떤 까닭이냐.
밤늦게 집으로 돌아오는 나의 발길은 무거웠다.
나의 두뺨을 적시는 아 그것은 뉘우침이었다.
늬들 가슴속에 그렇게 뜨거운 불덩어리를 간직한 줄 알았더라면

우린 그런얘기를 하지 않았을 것이다.
요즘 학생들은 기개(氣慨)가 없다고

병든 선배(先輩)의 썩은 풍습(風習)을 배워 불의(不義)에 팔린다고
사람이란 늙으면 썩느니라 나도 썩어가고 있는사람
늬들도 자칫하면 썩는다고 ……

그것은 정말 우리가 몰랐던 탓이다
나라를 빼앗긴 땅에 자라 악을 쓰며 지켜왔어도
우리 머리에는 어쩔수 없는
병든 그림자가 어리어 있는 것을
너희 그 청명(淸明)한 하늘 같은 머리를 나무램했더란 말이다.
나라를 찾고 침략(侵略)을 막아내고 그러한 자주(自主)의 피가
흘러서 젖은 땅에서 자란 늬들이 아니냐.
그 우로(雨露)에 잔뼈가 굵고 눈이 트인 늬들이 어찌
민족만대(民族萬代)의 맥맥(脈脈)한 바른 핏줄을 모를 리가 있었겠느냐.

사랑하는 학생들아
늬들은 너희 스승을 얼마나 원망했느냐
현실(現實)에 눈감은 학문(學問)으로 보따리장수나 한다고
너희들이 우리를 민망히 여겼을 것을 생각하면
정말 우린 얼굴이 뜨거워진다 등골에 식은 땀이 흐른다.
사실은 너희 선배(先輩)가 약했던 것이다 기개(氣慨)가 없었던 것이다.

매사(每事)에 쉬쉬하며 바로 말 한마디 못한 것
그 늙은 탓 순수(純粹)의 탓 초연(超然)의 탓에
어찌 가책(苛責)이 없겠느냐.

그러나 우리가 너희를 꾸짖고 욕한것은
너희를 경계하는 마음이었다. 우리처럼 되지 말라고
너희를 기대함이었다 우리가 못할일을 할 사람은
늬들뿐이라고
사랑하는 학생들아
가르치기는 옳게 가르치고 행(行)하기는 옳게 행(行)하지 못하게 하는 세상

제자들이 보는 앞에서 스승의 따귀를 때리는 것 쯤은 보통인
그 무지한 깡패떼에게 정치를 맡겨놓고
원통하고 억울한 것은 늬들만이 아니었다.

그러나 이럴줄 알았다면 정말
우리는 너희에게 그렇게 말하진 않았을 것이다.
가르칠 게 없는 훈장이니
선비의 정신이나마 깨우쳐 주겠다던 것이
이제 생각하면 정말 쑥스러운 일이었구나.

사랑하는 젊은이들아
붉은 피를 쏟으며 빛을 불러 놓고

어둠속에 먼저 간 수닭의 넋들아
늬들 마음을 우리가 안다 늬들의 공을 온 겨레가 안다.
하늘도 경건(敬虔)히 고개 숙일 너희 빛나는 죽음 앞에
해마다 해마다 더 많은 꽃이 피리라.

아 자유(自由)를 정의(正義)를 진리(眞理)를 염원(念願)하던

늬들 마음의 고향 여기에
이제 모두다 모였구나
우리 영원(永遠)히 늬들과 함께 있으리라.

그 날의 분화구(噴火口) 여기에
― 고대사월혁명탑명(高大四月革命塔銘) ―

자유(自由)! 너 영원(永遠)한 활화산(活火山)이여
사악(邪惡)과 불의(不義)에 항거(抗拒)하여
압제(壓制)의 사슬을 끊고
분노(憤怒)의 불길을 터뜨린
아! 1960년 4월 18일
천지(天地)를 뒤흔든 정의(正義)의 함성(喊聲)을 새겨
그날의 분화구(噴火口) 여기에 돌을 새긴다.

박목월
박두진
조지훈

Part. 4

청록파 시인들의
산문

Part. 4 — 청록파 시인들의 산문

제1부

박목월
『나의 문학여정』

문단 데뷔 전후
지훈과 나
학 같던 두진
『청록집』 출판 기념회
1950. 6. 25.
때 아닌 입영
시지프스의 형벌 — 박두진 형에게
지훈의 마지막 모습

문단 데뷔 전후

경북 경주군 서면 건천리(乾川里). 이것이 『문장』지에 처음으로 추천을 받던 시절의 나의 주소이다. 물론 30여 년의 세월이 흐른 지금에는 경주군이 월성군(月城郡)으로 명칭이 바뀌게 되었다. 고향인 건천리에서 12킬로미터 떨어진 경주읍(현재는 경주시)에 아침저녁 자전거로 통근하고 있었다. 나의 근무처는 어느 금융기관. 중학을 졸업하고 서기로 근무하고 있었던 것이다.

1939년 어느 날, 건천리에 있는 회나무 거리 다리 난간에 걸터앉아 옆 사람이 읽고 있던 동아일보 광고란에 『문장』지의 그달 치 목차가 실려 있는 것을 보았다.

나는 거기서 '박목월'이라는 이름을 발견하게 된 것이다. 얼핏 그것이 나의 필명이라는 실감이 들지 않았다. 그해 6월에 투고한 작품이 추천을 받아 잡지에 실리게 된 것을 까맣게 모르고 있었기 때문이다. 며칠 후 잡지와 원고료가 부쳐왔다. 고료는 5원. 쌀 한 가마 값이 넘는 액수였다. 잡지와 고료를 받았지만 함께 기뻐할 친구 한 사람 없었다.

생각처럼 그리움처럼
길은 실낱같다.

이와 같은 시구가 들어있는 「길처럼」이라는 첫 작품이 활자화된 찬란한 지면을 나는 몇 번이고 혼자 읽곤 하였다. 그러고는 그 밝음 속에서 처음으로 세상에 소개된 박목월이라는 이름을 신기한 듯 바라보며 나 자신이 그것을 눈에 익히고 있었다.

그날 고료를 현금으로 바꾸어 사무를 마친 뒤 김 서기와 함께 남문 거리로 나와 술을 마셨다. 그러나 그에게 추천된 사실을 알리지 않았다. 알려 보았자 별수 없기 때문이었다. 남문 거리는 김동리의 중형되는 강석(江石) 선생이 조그만 가게를 보고 있는 곳이다. 수양버들이 우거진 개울가를 따라 몇 채의 색주 집이 있었다. 다방도 처녀들도 없는 경주. 처녀들은 담장 안에 다 숨어 버리고 말 한마디 건넬 아가씨라곤 씨도 없었다. 색주 집에서 막걸리나 소주를 퍼마실 도리밖에 없었다.

물론 당시에 나는 조지훈이나 박두진의 이름조차 몰랐다, 추천 받은 차례를 따지면 그들이 나보다 먼저이지만 나의 작품이 실린 잡지를 받아 보고 나는『문장』지를 처음으로 대하였기 때문이다.

나의 문학청년 시절은 참으로 고독했다. 경주에서 문학에 뜻을 둔 친구는 김동리, 이기현 등이 있긴 있었다. 1935년 5월. 내가 취직하여 고향인 경주로 부임하였을 때 맨 먼저 찾아간 선배가 동리이다.

그는 중형 가게에 오뚝하니 앉았다가 나를 보자 소주를 몇 잔 권하고는 미추왕릉(味鄒王陵)으로 데리고 갔다. 그 잔디밭에서 문학에 대한 이야기를 들려주었다. 그는 이미「화랑의 후예」라는 소설이 신춘문예에 당선된 신진 소설가였다. 이듬해 그는 동아일보에「산화(山火)」가 재당선되고「무녀도」,「바위」등을 발표하고는 다솔사로 떠나 버리고 경주로 돌아오지 않았다.

이기현은『조광(朝光)』지에「태(苔)」가 당선되었다. 그러고는 옥산서원(玉山書院) 등으로 나돌고 만날 기회가 드물었다. 그러므로 나는 혼자였다. 사무가 끝나면 거리로 나왔다. 거리랬자 5분만 거닐면 거닐 곳이 없었다. 반월성으로, 오릉으로, 남산으로, 분황사로 돌아다녔다. 실로 내가 벗할 것이란 황폐한 고도(古都)의 산천과 하늘뿐이었다. 이 유배의 지역에서 나는 스물, 스물하나, 스물둘-그야말로 꽃 같은 젊음을 보냈다. 왕릉에 누워서 달을 보는 것, 기와 조각을 툭툭 차면서 길을 걷는 것, 밤이면 램프 밑에서 책을 읽는 것, 그리고 아무 주막에서나 술을 마시는 것. 그 외에 낮이면 주판알을 튕기는 것이 전부였다. 이 풀 길 없는 고독이 안으로 응결되어 나의 초기 작품 세계의 터가 잡히게 된 것이다. 그럼에도 나는 시를 쓰는 것과 시인이 되는 것 외에 다른 소망이 없었다.

그 어느 날, 경주에서 다음다음 역인 건천으로 나갔다. 되돌아오는 길에 경편(輕便) 열차 속에서 한 청년을 보았다. 나이는 나보다 두세 살 위였다. 무슨 이야기 끝에 이 처음보는 낯선 청년이 내게 명함을 주었다. 명함에 '신인문학 투고자 '백양(白羊)''이라 적혀있었다. 『신인문학』이라면 오락 겸 문학잡지. 그 오락잡지에 투고질이나 하는 것을 자랑 삼아 명함에 박고 다니는 청년이 마치 나 자신인 것처럼 부끄러웠다.

나는 절대로 어느 잡지에도 투고하지 않으리라 결심하였다. 그럼에도 이기현이 서울을 다녀와서 『문장』지가 권위 있다는 것과 꼭 그 잡지에 투고하라는 권유를 하자 못 이기는 체 작품을 보낸 것이다. 그 첫 작품이 추천이 되고 다음 해는 추천 완료가 되었다. 명색 신인으로 시단에 데뷔한 것이다.

하지만 이미 일제 말기의 단말마적 발악이 시작되고 월요일 아침이면 관공서 관리들은 경주극장 옆 이른바 신사 앞에서 저희들 말대로 참배를 해야했다.

지훈과 나

나는 스물셋. 나대로 청춘의 절정에서 그러나 무위의 세월을 보내고 있었다. 막연한 동경이 부풀 뿐 우리에게는 생활 뿐만 아니라 사랑에서도 길이 없었다. 그 안타까움, 괴로움, 또한 그 절망감. 그러나 서정주처럼 '이빨이 허옇게' 웃어 버릴 수도 혹은 '짐승같은 울음은 달더라 달더라' 하고, 짐승스러운 통곡도 '짐승, 짐승 속으로' 하고 관능적 세계로 몰입할 수도 없는 나에게는 겨우 '목 안에 감기는 엷은 갈증' 같은 '영혼이 여위지는' 고독감에 늘 '아아 배만 고팠던' 것이다.

나는 이 작품을 그 후 작품집에 수록하지 않았다. 나의 본질적인 세계와 거리가 먼 것 같기 때문이다.

이제 2차 대전도 무르익고, 또한 그 종말이 가까워지게 되었다. 일제도 수단 방법을 가리지 않고, 마지막 발악을 했다. 『문장』은 폐간되고 우리에게는 글을 발표할 자리뿐만 아니라 글 그 자체도 빼앗기고 '세기의 심연'은 완전히 '밤'이 되었다.

그러나 나는 꾸준히 작품을 썼다. 그것으로써 나를 달래고 위로하고, 또한 시를 쓰는 그 생활 안에서 삶의 등불을 밝혔던 것이다. 이 고독한 작업에서 빚어진 작품들을 몇몇 친구에게 돌려 보였을 뿐이다.

그 시대의 절망적인 환경이 나를 향토적인 세계로 몰아넣고 그것에 깊은 애착을 갖게 하였으며 그 세계 안에서 나를 길러 준 것이다. 그 무렵에 사귄 시우(詩友)로는 지훈 한 사람 뿐이었다.

  지훈도 사귀었다기보다는 만났다 함이 적합한 표현일지 모른다. 하루는 서울에 있는 지훈에게서 두툼한 봉서가 왔다. 지훈의 그 자획 하나를 소홀히 하지 않는 단정하면서도 멋있는 글씨로 엮은 긴 사연의 편지를 받았던 것이다.『문장』에 추천 받은 시우와 서신 왕래를 갖는 것이 처음이었다. 그리고 얼마 후에 본인이 그 당시 내가 살았던 경주에 나타났다. 그의 밤물결 같은 장발을 바람에 휘날리며 산을 건너다 보던 모습과 후리후리한 키에 희멀겋게 시원한 얼굴과 장자풍이 있는 너그러운 몸가짐. 우리는 어두운 여관방에서 날이 새는 줄 모르고 시를, 시대를 얘기하고 서울 시단 소식을 들었다.

  밭을 갈아 콩을 심고
  밭을 갈아 콩을 심고
  꾹구구구 비둘기야
  백양(白楊) 잘라 집을 지어
  초가삼간 집을 지어
  꾹구구구 비둘기야

  대를 심어 바람 막고
  대를 쪄서 퉁소 뚫고
  구구우꾹 비둘기야

  장독에 더덕 심고

장독 앞에 모란 심고
꾹구구구 비둘기야

웃말 색씨 모셔 두고
반달 색씨 모셔 두고
꾹구구구 비둘기야

햇볕 나면 밭을 갈고
달빛 나면 퉁소 불고
꾹구구구 비둘기야

—「밭을 갈아」

 이것은 그 여관방에서 지훈에게 읊어 들려준 작품이다. '백양(白楊) 잘라 집을 지어 초가삼간 집을 지어 꾹구구구 비둘기야.' 이 소박한 꿈. 그러나 그 꿈은 조국도 글도 성씨도 다 잃어버린 젊은 청년의 가슴에 깃든 체념과 비탄이 얼려 있는 슬픈 소망이나 꿈의 세계였다. 또한 일부러 4·4조의 전통적인 민요의 형식을 따른 것은 우리 겨레가 닦아 놓은 '너르고 정돈된 호흡' 안에서 정신적인 너그러운 안도감을 얻으려 했기 때문이다. 혹은 서민의 애절한 생활 속에서 이루어진 민요의 애조, 그것이 일제 말기에 젊은 한 시인이 울음으로써 읊을 수 있는 가장 자연스러운 가락이기도 하였다.
 지훈이 경주를 다녀간 후에 서울에서가 아니고 강원도 접경인 영양(英陽)에서 작품을 곁들인 편지가 왔다. 그 작품이 바로 '꽃이 지기로소니 바람을 탓할소냐'로 시작하는 굽이굽이 서러운 영탄조의 「낙화(洛花)」이었다.

> 묻혀서 사는 이의
> 고운 마음을
> 아는 이 있을까
> 저허하노니
> 꽃이 지는 아침은
> 울고 싶어라.

「낙화(洛花)」의 일절이다. 그는 그 후 산으로 들어갔다. 그가 『산도화(山桃花)』의 발문으로 보낸 글의 일절을 전재하며 그 와의 우정을 되새겨본다.

우리가 시단에 처음 등장하던 시절은 민족적 수난이 그 절정에 이르렀을 때라 그립고 아쉬운 정에 목이 마른데다가 같은 자리에 함께 나온 시우들의 시심에도 일맥 통하는 바가 있어 서로 그리워하는 마음이 남다른 바가 있었다. 더구나 목월이 그때 노래하던 현대적 세련의 민요조는 그때 다루던 민족 정서의 새로운 고전미와 지향하는 바가 매우 가까워서 그의 시에 스며 있는 사투리까지도 매력을 느꼈다.

그러나 어려운 세월은 우리들의 만날 인연을 쉽사리 허락하지는 않았었다. 내가 목월을 처음 만난 것은 1942년 이른 봄이었다. 그 전해 가을에 나는 절간에서 일본의 진주만 공격 소식을 들었고, 『문장』

폐간호를 받았다. 그 해 겨울 과음한 탓으로 빈사의 몸이 되어 서울로 와서 소위 『국민문학』이 발간된 것을 보았고, 몇 달을 누워 있다가 이듬해 봄에 조선어학회의 『큰사전』 편찬을 돕고 있을 때였다. 일본서 돌아오는 초면의 시인이 하나 화동에 있는 조선어학회를 찾아와서 오는 길에 목월을 만나고 왔다는 말을 전했었다. 그때까지 경주를 못 보았을 뿐 아니라 겸하여 목월도 만나고 싶다고 해서 나는 그 이튿날 목월에게 편지를 썼다. 무슨 말을 썼는지 지금은 모르지만, 매우 긴 편지였다는 것만을 기억하고 있다. 얼마 뒤에 목월에게서 답장이 왔었다. 그 짧으면서도 면면한 정회가 서려 있는 편지는 다음과 같았다.

"경주박물관에는 지금 노오란 산수유 꽃이 한창입니다. 늘 외롭게 가서 보곤 하던 싸늘한 옥적(玉笛)을 마음속에 그리던 임과 함께 볼 수 있는 감격을 지금부터 기다리겠습니다. 오실 때 미리 전보 주시압."

이 짧은 글을 받고 나는 이내 전보를 쳤었다. 철에 이른 봄옷을 갈아입고 표연히 경주에 내릴 것은 저녁 어스름 분분한 눈송이와 함께 봄비가 뿌릴 때였다.

목월은 초면의 서울 나그네를 맞으러 '박목월'이란 깃대를 들고 건천까지 마중을 나왔었다는 것이다. 그 밤 여관에서 목월이 나에게 보여준 시는 「밭을 갈아콩을 심고」란 시였다. '장독 앞에 모란 심고, 장독 뒤에 더덕 심고' 이 구절과 '꾹구구구 비둘기야'라는 후렴구는 아직도 기억에 남아있다. 외롭고 슬픈 내 노래의 마음을 세상에 알아주는 이가 목월이라는 처음 보는 눈이 크고 맑은 시인밖에 없는 성 싶어 미덥고 서럽던 생각—목월이 출장 다닐 때 걸어가는 길가에서 들은 비둘기 울음, 혹은 살살 날리는 어스름과 산그늘도 그의 소개로 나는 듣고 보았다.

석굴암 가던 날은 대숲에 복사꽃이 피고 진눈개비가 뿌리는 희한한 날씨였다. 불국사 나무 그늘에서 나는 찬 술에 취하여 떨리는 봄옷을 외투로 덮어주던 목월의 체온도 생각난다. 그리하여 나는 보름 동안을 경주에서 머물었고, 옥산서원의 독락당에 눕기도 하였으며,「완화삼(玩花衫)」이란 졸시를 목월에게 보내기도 하였다. 목월의 시「나그네」는 이「완화삼(玩花衫)」에 회답하여 보내 준 시이다. 압운(押韻)이 없는 현대시에는 이렇게도 절실한 심운(心韻)이 있다는 것을 보여준 시였다.

붓을 꺾고 떠돌며 살던 5년간을 우리는 이렇게 편지로 서로의 마음을 하소연하며 해방을 맞았던 것이다.

(……)

스무 해 가까운 사이 우리의 젊음도 많이 갔고 우리의 시도 많이 달라졌다. 그러나 처음 시를 쓸 때 그 마음은 다름이 없으며 서로 아는 본래의 그 시관(詩觀)에도 아무런 변함이 없음을 이 글을 쓰면서 다시 깨닫는다. 시 때문에 우리의 청춘이 병들었더니 시로 하여 우리의 뜻이 다시 서게 되었구나.

학 같던 두진

1946년, 해방 이듬해 2월이었다. 나는 대구에서 기차로 17시간 흔들려서 겨우 서울에 도착하였다. 여전히 차양 넓은 검은 중절모에 본목 두루마기를 걸치고 이른 아침 서울역에 내렸다.

역전 음식점에서 아침 요기를 하고 영보 빌딩(그 곳의 을유문화사)을 찾아갔다. 영보 빌딩에는 『주간 소학생』의 선전용 현수막이 큼직하게 걸려있었다. 그 활자체의 서체가 눈에 익고 이상하게 윤석중적인 감각을 느끼게 하였다. 영보 빌딩 2층 왼편 구석방이 편집실이었다. 내가 들어가자 막 사원들이 출근하고 있었다. 중간 쯤에 앉아 있는 사원 한 사람이 미소를 머금고 일어났다.

그의 인상은 한마디로 학과 같았다. 코와 턱이 날카롭게 생긴 바짝 여윈 그의 인상이 학을 연상하게 한 것이다. 나는 누구의 소개를 받지 않고도 그가 박두진이라는 것을 알 수 있었다. 그도 방을 들어서는 것이 박목월이라는 것을 직감하였다고 나중에 술회하였다.

우리는 굳게 손을 잡아 흔들었다. 그리고 서로 웃고 있었다. 이것이 『문장』지의 추천을 받은 후 6,7년 만에 비로소 만나게 된 박두진과의 첫 대면이었다. 그는 과묵한 편이었다. 하지만 일단 이야기를 시작하면 나직나직하고 부드러운 음성이 상대의 마음속을 파고들며 또한 눈이 지극히 다정한 느낌을 자아내게 하였다. 우리들이 서로 만나는 장면을 옆에서 보고 있던 조풍연이나 윤석중 씨가 한마디쯤 무슨 말을 하였을 것 같으나 생각이 나지 않는다. 웃으면 쾌할한 인상을 주는 윤석중 씨의 껄껄거리는 웃음소리만 기억에 있을 뿐이다.

내가 서울에 며칠 유해 있던 어느 날이었다. 아동문학가협회에 들렀더니 언제나 착 가라앉은 인상을 주는 두진은 그날따라 얼굴이 약간 상기되어 조풍연씨가 우리들의 시집을 내주겠다는 것을 전하였다. 첫 시집을 내게 될 때의 그 흥분과 감격을 문학에 종사한 사람이면 누구나 알고 있을 것이다. 아마 그 것은 우리들의 첫 우정을 기념해주려는 조풍연 씨의 배려에서 발안된 것이리라.

조 씨는 두진에게 3인 시집을 제안하였으나 두진과 나 그리고 또 한 사람을 누구로 선정하느냐가 문제였다. 박남수는 이북에 있고 김종한은 작고하였으므로, 『문장』 추천 시인으로서 우리 두 사람 이외에 한직과 지훈이 있을 뿐이었다. 하지만 이한직은 우리들과는 시 세계가 판이하게 이질적인 것이었다. 조지훈과 셋이 3인 시집을 내기로 하였다. 옆에 있던 역시 『문장』지를 통하여 문단에 나온 시조시인 조남령도 그것이 좋으리라 장단을 맞춰 주었다.

두진과 조와 나, 세 사람이 성북동 지훈 집을 방문하기로 하였다. 성북동 개울을 따라 그의 집을 처음으로 찾아가는 내게 지훈 집 골목으로 꺾이기 전에 있던 돌다리와 조그만 수양버들이 인상적이었다.

지훈은 허름한 한복 차림으로 우리를 맞이하였다. 용건을 듣자 그는 옷을 갈아입고 나왔다. 당시 그는 경기여고에 나가고 있었다. 훤칠한 키에 검은 베레모를 젖혀 쓴 지훈은 우리들을 위하여 술을 대접하려 하였다. 하지만 근처에 적당한 술집이 없었다. 우리들은 삼선교로 나와 저녁 겸 술을 몇 잔 하였다. 우리 세 사람은 우리 생애의 새로운 여명을 맞이하여 말하자면 축배를 드는 셈이나 두진은 안양교회의 장로이기 때문에 근엄하기만 하고 술잔을 입에 대지 않았다.

우리는 어둑어둑한 골목길을 한 패거리가 되어 첫 시집을 가지게 될것과 새로 맺은 우정에 흥분하여 성신 여학교로 갔다. 그곳은 조남령의 직장이므로 그가 우리를 데리고 간 것이다. 마침 박노춘 씨가 숙직이었다. 성신 여학교 숙직실, 그 방에서 꼬박 밤을 세웠다. 이마를 맞대고 의논한 결과 작품을 각각 15편씩 수록하되 차례는 박목월 조지훈 박두진 순으로 하였다.

두진의 차례가 맨 뒤로 돌아가게 된 것은 그의 작품 세계는 무게가 있고, 또한 작품이 길어서 한 권의 시집으로 뒤를 두텁게 받치자는 뜻이었다. 그 대신 내가 앞으로 나서게 된 것은 시가 짧고 가벼우며 그만큼 순수하다는 의미도 되었다.

이것은 지훈이 결정한 것이었다. 시집 이름을 '청록집(靑鹿集)'으로 하자고 주장한 것은 나다. 푸른 사슴이라는 것이 보다 참신하고 날렵하다는 은근한 자부심과 새롭다는 의미를 내포하고 있는 것은 말할 나위도 없다. 시집 제호가 결정되자 장정이 문제였다. 그러자 지훈이 근원 김용준을 추천하였다. 『문장』지의 표지를 그린 그의 솜씨를 알고 있기 때문에 우리는 쉽사리 동조할 수 있었다.

이야기가 끝난 것은 새벽녘이었으나 잠자리에 들어서도 누구 한 사람 눈을 붙이려 하지 않았다. 우리들의 이야기는 끝이 없었다.

새벽녘에 나는 변소에 갔었다. 이미 동이 트고 있었다. 변소 유리창 밖으로 내려다보이는 새벽의 서울 시가지를 건너다보며 나는 평생 처음으로 전신에 저려오는 광명성을 깨달았다. 그날 아침 차를 타고 서울을 떠났다.

『청록집』 출판 기념회

『청록집』이 나오게 된 것은 1946년 6월이었다. 국판 100페이지. 초판 3,000부, 가격은 30원이었다. 표지에는 푸른 사슴, 속표지는 촛불을 밝혀 들고 기도하는 여인의 모습이 아트지에 2색으로 인쇄되어 있었다. 그리고 각자마다 자기 파트에는 초상화가 조그맣게 그려져 있었으며 자필로 사인한 것이 인쇄되어 있었다.

자필 서명의 글씨체가 조지훈은 단아하고 박두진은 달필이면서 날카롭고 나 자신의 글씨는 소박한 대로 야무지지 못하였다. 그것이 각자의 작품 세계를 단 적으로 보여주고 있는 것 같았다. 초상화는 김의환 화백이 아동 문학가협회 편집실에서 우리들을 모델로 직접 그려주었다. 그는 코주부 김용환 화백의 계씨로서 그 당시에『주간 소학생』의 삽화를 맡고 있었다.

『청록집』이 나오자 의외로 반향이 컸다. 좌익진영에서는 공격의 화살을 그것에 집중하였다. 그런 만큼 민족진영의 두둔도 지나칠 정도로 두터웠다. '순수시를 지향하는 혜성처럼 나타난 신예 3인 시집'이라는 것이 조풍연 씨가 붙여준 광고문의 캐치프레이즈이지만 우리 자신들도 그야말로 신예 시인으로 자처하였던 것이다.

그해 9월 27일, 후라워 다방에서 출판 기념회를 가지게 되었다. 다음 해 형성된 청년문학가협회의 멤버들이 중심이 되어 모임을 주선해준 것이다. 나는 대구에서 일부러 상경하였다. 출판기념회에 참석하는 나를 위하여 '죽순'에서 조그마한 잔치를 베풀어 주었다. 출판기념회는 대성황을 이루었다. 당시에는 문우로서의 친밀감보다 좌익과의 투쟁을 위한 동지 의식이 앞서 그런 만큼 출판기념회는 동지들의 모임으로서 후끈하게 달아오르곤 하였다. 사회는 이한직이 보았다. 그는 말끔한 한복 차림으로 나타나 곱게 벗어 넘긴 장발을 쓸어 넘기며 『문장』 추천 동인으로서의 우정을 과시하였다.

모임이 끝나자 2차, 3차로 발전하였다. 허바허바 사진관에 들러 기념 촬영을 하였다. 꽃다발을 안고 앉아 있는 우리 세 사람을 중심으로 뒷줄 한가운데에 젊은 김동리가 서고, 그 좌우에 조연현, 곽종원, 이한직, 여세기, 이상노 제씨가 서 있었다.

공식적인 출판기념회가 있었던 얼마 후에 우리는 정지용 씨를 위하여 또 한 번 술자리를 가졌다. 원래 『청록집』에는 정지용 씨의 서문을 받기로 세 사람이 의논하였던 것이다. 그것은 우리들을 추천해 준 그분에 대한 예의와 호의에서 의논된 것이다.

하지만 당사자가 거절하였다. 이 독실한 가톨릭 신자요, 순수시인은 해방 후 하루아침에 우리들과 뜻을 달리하였다. 그러나 그렇다 하더라도 그분에 대한 우리들의 예의는 저버릴 수 없었다. 조풍연 씨가 중간에 들어 정지용 씨를 청진동 어느 맥주집 2층으로 초대하여 『청록집』을 기증하였다.

그 자리에 얼굴이 까무잡잡하고 키가 작말막한 정지용 씨의 곤혹스러운 표정을 나는 잊을 수 없다. 그것이야말로 해방 후의 혼란을 단적으로 상징해 주는 얼굴이요, 표정이었기 때문이다. 어색한 장면을 얼버무리려는 듯 정지용 씨는 거나해지자 나의 「나그네」를 낭독하고 무룗을 치며 칭찬해주었다.

"내가 호랑이 새끼를 길렀어. 호랑이 새끼를 길렀단 말이야."

정지용씨의 말이었다.

"내가 추천한 자들이 얼마나 무서운 놈들인 고 하니……." 하고 웃은 다음, 다음과 같은 이야기를 들려주었다. 그가 추천한 사람 중에서 고맙다는 사례의 편지는커녕 연하장 하나를 보내는 사람이 없었다는 것이다. 그것을 정지용 씨는 큰 자랑거리로 이야기하고 있었다. 사실 우리들로서도 사례의 편지를 띄울 만큼 세속적인 인사치례나 예의를 닦기에는 철없이 순수하고 오만하엿던 것이다.

두진은 그 뒤 근무처를 그만두었다. 그가 그곳에서 물러나게 된 동기가 참으로 두진다운 것이었다. 사무실에서 전화벨이 울리면 그는 마지못해 수화기를 들기는 하지만 "네, 네, 을유문화사입니다" 하고 응답을 보내는 일이 없었다.

그야말로 근엄한 자세로 수화기를 귀에 대고 상대가 말을 걸어오기를 기다리고만 있었다. 말하자면 두진으로서는 아무리 생황을 위하여 사무적인 잡무에 종사하지만 사무가가 되기를 준엄하게 그의 내면에서 거부하고 있었던 것이다. 그러므로 세속적인 일에 그는 타협할 수 없으며 언제나 고개를 뻣뻣하게 들고 그의 시선은 영원을 향하여 직선적으로 뻗쳐 있었던 것이다. 그것이 그가 직장에서 물러나게 된 이유이다.

직장에서 물러나게 되면 당장 생활이 어려워지게 되는 것이 당시의 그의 형편이었다. 그는 버스값에도 궁하여 안양에서 서울까지 걸어 다닌다는 이야기를 나는 들었다. 시를 한 편 써서 신문사나 잡지사에서 고료를 받게되면 그것이 그날의 양식이 되는 형편이라 하였다. 그럼에도 두진은 근엄하고 꼿꼿한 자세를 누그러뜨리는 일이 없었다. 더구나 어려운 형편을 내색하는 일도 없었다. 신문사에서 팔리지 않는 작품을 가지고 다른 신문사로 가는 동안 우리 셋은 새로이 맺은 우정과 시에 취하여 다른 것은 다 잊고 이야기에 열중하였다.

1950.06.25.

6월 25일, 그날은 일요일이었다. 정오쯤 명동 거리를 지나고 있었다. 지금 본전 다방 근처 어느 약국에서 틀어 놓은 라디오를 통하여 북괴의 침범 뉴스를 처음 들었다. 휴가 장병은 빨리 본대로 돌아가라고 거듭 외치고 있었다. 일이 심상치 않다는 예감이 들었다.

그 길로 성북동에 있는 지훈을 찾아갔다. 그는 낮잠을 자고 있었다. 5시쯤 한강 가에 있는 집으로 돌아오는 길에 갑자기 기관총 소리가 들렸다.

그리고 여의도 비행장을 습격한 북괴군 비행기 한 대가 동으로 달아나는 것으로 보았다. 이튿날은 월요일, 사태가 급격하게 악화되어 갔다. 그러나 우리들은 사태를 바르게 파악하지 못했다. 피난 갈 생각조차 하지 않았다. 그만큼 정부에 대하여 우직스럽게 신뢰하고 있었다.

27일 아침 정신여고에 갔었다. 그곳에서 작문을 가르치고 있었던 것이다. 첫째 시간이 끝나고 직원회가 열렸다. 안건은 놀랍게도 수업료 독촉에 대한 것. 나는 그길로 문예 빌딩으로 향하였다. 거리에는 피난민이 밀어닥치고 농우를 몰고 농부들이 방향 없이 걸어가고 있었다.

『문예지』편집실에서 고의동 선생을 비롯하여 문총 간부들과 문화인들이 거의 모여있었다. 다 모여보았자 백여 명에 불과한 식구들이었다. 비장한 회의가 열렸다. 결론은 끝까지 투쟁하다가 조국과 함께 운명을 같이하자는 것이었다. 비상국민전대가 결성되었다. 그러고는 문예빌딩 지하실에 거적을 깔아 두고 농성할 준비를 하였다. 저녁이 되자 이미 미아리 쪽에서 포성이 들리고 비가 쏟아졌다. 공중인의 불을 뿜는 애국시 낭독이 라디오를 통하여 울려 퍼지고 있었다.

밤이 되자 남은 사람은 조지훈, 서정주, 이한직, 필자 네 사람뿐이었다. 밤 2시경 우리는 정훈국(현 증권거래소)으로 찾아갔다. 이선근 선생이 당시 대령으로 국장이었다. 우리들을 맞이하는 이선근씨의 그 비감한 표정, 우리는 사태가 절망적임을 직감하였다. 그분은 찬 정종을 컵에 따라 주었다.

연거푸 서너 잔씩 들었다. 밖에 나오니 칠흑 같은 밤. 비는 여전히 내리고 있었다. 어디로 갈 것인가 막막하였다. 우리들은 한강 가에 있는 미당 친척 집으로 갔다. 서로의 고독감으로 말미암아 우리는 헤어질 수 없었던 것이다. 지훈은 집을 나올 때 냉수를 떠 놓고 가족들과 마지막 결별을 하였다 한다. 실지로 그것이 그의 아버지와 이승의 마지막 결별이기도 하였다.

미당 친척집은 바로 우리 앞집이기도 하였다. 그 집 2층 육조방에서 우리는 밤을 세웠다. 앞으로 어떻게 할 것인가. 죽든 살든 행동을 함께하자는 결의는 쉽게 이루어졌으나 앞으로 행동할 일이 막연했다.

"어차피 죽기는 죽지만 개죽음을 당해서는 안 돼."

지훈의 말이었다. 밖에는 국군들이 떼를 지어 한강 둑으로 밀리고 있었다. 그 집 창밖으로 건너다뵈는 우리 집. 나는 가슴이 메는 것 같았다.

"날이 밝거든 안양에 있는 두진을 찾아가자."

의논이 되었다. 낮에 우연히 남대문 근처에서 두진을 만났던 것이다. 그는 삼덕제지(그이 근무처)에 다녀오는 길이었다.

"목월, 갈 곳 없거든 내게 와. 보름쯤 숨을 수 있을 거야."

그가 말했던 것이다. 그 두진의 말을 상기했기 때문이다. 밤 중에 유리창이 흔들리도록 '꽝' 하는 소리가 울렸다. 이튿날 그것이 한강교를 폭파하는 소리임을 알 수 있었다.

미당 친척 집에서는 고맙게도 이른 아침을 지어 주었다. 아무도 숟갈을 드는 사람이 없었다. 겨우 몇 술 떠먹었으나 밥이 모래알 같았다. 나는 일행과 헤어져 가족들과 마지막 작별을 하려고 집으로 갔다. 문 안에 들어서자 가장과 아버지를 쳐다보는 가족들의 눈, 그것은 엄숙하였다. 흡반같이 전신을 끌어당기는 것이었다. 그 눈을 저버리고 나만 달아날 수 없었다. 나는 그들 옆에 늘어져 누워버렸다. 운명에 맡길 도리밖에 없었다. 10시쯤 박노설 군이 찾아왔다. 당시 박 군은 신학교에 다니고 있었다.

"선생님, 용기를 내야 합니다. 놈들에게 잡히면 죽게 됩니다. 우리 고향으로 갑시다. 한 달은 무슨일이 있어도 숨어 있을 수 있습니다.

그의 말에 아내가 용기를 되찾았다. 그녀는 내가 달아날 준비를 해 주었다. 가족들과 피난을 간다는 것은 생각조차 못 했다. 전선이 우리들을 앞지르게 되고 길에서 가족을 죽일 것만 같았기 때문이다.

나는 이승에서 마지막일지도 모르는 결별을 위하여 어린 것들을 포옹해주고 박 군과 함께 한강을 건넜다. 한강 저편에서 바라보는 서울. 나는 모래펄에서 대성통곡하였다. 그리고 그날 저녁에는 박 군과 함께 수원역에서 가마니를 덮고 잤다. 비가 갠 하늘에 보름달이 찢어지도록 밝았다.

때 아닌 입영

1950년 정월이었다. 국방부의 의뢰를 받아 전국문화단체 총연합회에서 육해공군의 군가를 짓게 되었다. 그것을 위한 회합이 충무로에 있는 어느 요정에서 있었다. 참석자는 정훈국의 담당관과 문총으로서 김영랑 선생, 대통령 비서관으로 계시던 김광섭 선생, 그리고 필자 등이었다. 술자리에서 화제가 한글맞춤법 폐지론으로 번지게 되었다.

당시 이 대통령이 한글맞춤법을 폐지하고 발음 나는 대로 쓰라는 것을 주장하였기 때문이다. 김광섭 선생은 그분의 직책상 폐지론을 지지하고 영랑 선생은 그것을 반대하였다. 양 김 선생은 각별하게 친한 사이였으나 그날따라 화제가 상당히 감정적인 면으로 발전하였다. 그러자 김광섭 선생이 "없다는 말이나 직업의 업이라는 말은 똑같이 업이라고 발음하는데 없다는 비읍, 시옷의 받침을 하고 직업의 업은 비읍 받침만 할 이유는 뭐냐. 불합리하잖느냐"라고 공격하였다. 물론 억지였다. 한글맞춤법에 대하여 운운하지만 그분도 맞춤법에 대해서는 소상한 편이 아닌 모양이었다. 그러자 얼굴이 벌겋게 달아오른 영랑은 갑자기 술상을 휙 뒤집어 버렸다. 그러고는, "이유는 무슨 이유냐, 무조건 반대다." 하고 소리를 질렀다. 김광섭 선생은 허허하고 물러앉았다. 영랑 선생은 그해 9월에 불행하게도 세상을 떠나셨지만 그 술자리의 장면이 필자의 기억에 떠 오를 때마다 그야말로 조건 없이 순수하고 순정적이던 선생의 모습을 생각하게 된다. 하지만 군가 작사에 대해서는 우리들 청록파 세 사람에게 잊을 수 없는 즐거운 추억을 남기게 하였다.

군가 작사자로 처음에는 미당과 지훈과 필자가 선정되었다. 그러고는 우리들이 실감있는 가사를 지으려면 군대를 체험해야 한다는 결론이 내려졌다. 말하자면 입영을 해야 한다는 것이다. 그리고 어느 날 고급 장교 두분의 초대를 받아 명동 어느 왜식집에서 점심 대접을 받았다. 그 길로 용산에 있는 부대를 입대하였다. 입대식은 연대장실에서 거행되었다. 아무리 우리가 입대하더라도 장교 대우쯤 받게 되리라는 우리들의 기대는 전혀 빗나갔다. 입대식이 끝나자 우리들은 옆방에 가서 군복으로 바꿔 입었다. 일등병이었다. 그러나 육척장신의 조지훈에게는 맞는 군복이 없었다.

윗옷의 소매가 짧아 팔뚝이 이만큼 나오게 되고, 키가 비교적 작은 편인 미당은 소매가 손등을 덮고 남았다. 더구나 큼직하고 덥수룩한 조지훈의 봉발머리에 얹힌 조그마한 군모가 걸을 때마다 건드렁거려 그 꼴이 한마디로 가관이었다.

그 대신 미당은 눈썹까지 군모가 내려왔다. 그날 저녁으로 우리는 제1중대 3소대에 인계되었다. 소대장은 이 엉뚱한 입대자를 맞이하여 첫 마디 인사가 "이 새끼야 뭘 하고 굴러먹다가 이제 입대했느냐"라는 것이었다. 물론 우리들의 입대 용건은 연대장만 알 뿐 극비에 붙어 있었던 것이다.

"네, 동대문에서 포목 장사하다가 망했소이다." 지훈의 능청스러운 대답이었다. 그 후로 일주일, 우리는 '앞으로 갓, 뒤로 돌아'를 배웠다. 제13소대 맨 앞줄에 미당이 앞뒤로 활개를 저으며 행진을 하고 필자와 지훈은 꼴찌에 붙어서 엇둘엇둘 헛개를 저었다.

그러나 동작이 익숙하지 못한 미당은 끝내 꼴찌에 붙게 되었다. 입대한 다음 날이었다. 점심시간에 우리 일등병 세 사람이 장교 식당으로 들어갔다. 식사만은 장교 식당에서 하라는 연대장의 특명이 있었기 때문이다. 식당은 장교들로 만원이었다. 그들은 어슬렁어슬렁 들어오는 우리들을 보자 눈이 휘둥그레졌다.

더구나 장교들로 만원이 된 식당에 앉을 자리라곤 중앙의 의자가 셋 비어 있을 뿐이었다. 우리는 그 자리를 점령하였다. 나중에 안 일이지만 그것은 연대장, 부연대장, 당직 장교들을 위하여 비워 놓은 것이었다.

"아니 저 새끼들이……."

장교들이 분개하였지만 우리는 태연자약하였다. 식사에는 일반 장교들보다 계란 프라이 하나가 더 붙어 나왔던 것이다.

이 하늘에서 떨어진 일등병은 그런대로 일주일간의 훈련을 무사히 마치고 명예 제대를 하게 되었다. 제대식이 끝나고 우리는 명동에서 근사한 술자리를 가질 수 있었다.

그러나 이 군대 생활에 질려버린 미당이 물러나고 해군 생활을 경험하기 위하여 진해로 갈 때는 박두진이 동행하게 되었다. 말하자면 청록파 일행이 오붓하게 여행을 하게 된 것이다. 우리 세 사람으로서는 셋이 어울려 여행을 하게 된 것이 일생에 단 한 번 그때뿐이었다.

시지프스의 형벌

—박두진 형에게

오랜만입니다. 서울의 하늘 밑에서 함께 살면서 함께 살기 때문에 오히려 형에게 글월을 드릴 기회가 드물게 되었습니다. 그러므로 "두진 형!" 하고 이렇게 조용히 이름을 불러 보던 것이 까마득한 옛날 같고 그럴수록 이상한 감회가 사무치게 됩니다.

그동안 어린것들도 잘 크고 형도 시작에 정진하시리라 믿습니다. 요즈음은 날씨가 날마다 봄을 향한 발걸음을 재촉하는 것 같군요. 요 며칠은 제법 푸근해져서 나뭇가지에 피어날 꽃봉오리를 재촉하는 것 같습니다. 그럴수록 변덕이 심한 환절기에 몸조심하십시오.

저는 여전합니다. 여전히 건강하고 여전히 분주하고 여전히 바람을 등진 한 가지의 나무 휘추리처럼 살고 있습니다. 이는 생활의 안정을 기하는 것이 우리에게는 무엇보다 소중하면서도 전혀 가능하지 않은 일이기 때문입니다.

참으로 두진 형에게 생활의 푸념을 하는 것이 어린아이가 어머니에게 응석을 부리는 일 같습니다. 형이 생활로 말미암아 겪는 시련을 누구보다도 내가 잘 알고 있기 때문입니다. 깡마른 모습으로 항상 절벽처럼 까마득한 생활의 낭떠러지 위에서 허덕이는 형의 모습을 상상하는 것만으로도 가슴이 미어지는 것 같습니다. 하지만 생활로 말미암은 시련은 정도의 차이는 있을지언정 누구에게나 심각한 문제입니다. 때로는 시를 쓴다는 이 즐겁고도 비실용적인 행위가 하느님께서 우리에게 허락해 주신 것이 아닌 인간의 사치스러운 소망이 아닐까 생각할 때도 있습니다. 왜냐하면 밀어닥치는 생활의 시련 속에서 시를 생각하고 예술의 열매를 빚는 것이 너무나 '한가롭게도 호사스러운 느낌'이 들기 때문입니다.

두진 형!

그러나 그것은 나의 생각이 부족한 탓이겠지요. 성경 말씀에서 하신 것처럼 '이마에 소금이 절도록' 애를 써야 일용할 양식을 구할 수 있는 것이 아담, 즉 뭇 남성에게 주어진 준엄한 형벌이며, 그것이 신화에 나오는 산꼭대기로 돌을 밀어 올리는 시지프스의 생활과 같은 것이 아니겠어요? 만일 우리가 시의 샘물을 자아올려 그것에서 목을 축일 수 있는 강인한 정신과 강렬한 염원과 구원을 위한 목마른 열망을 간직하지 못한다면 도대체 우리의 삶은 어떤 보람을 가지는 것입니까? 결국 시는 우리가 생활의 시련이라 느끼는 그 시궁창이나 괴로운 틈바구니에 허덕이기 때문에 인간으로서 그 입술에 담을 수 있는 가장 향기로운 말이요, 또한 그 시련이 엄청나기 때문에, 우리의 눈길이 하늘로 향하며 푸르고 창창한 하늘을 마음속에 사모하는 일이 아니겠습니까?

오늘도 문득 「해야 솟아라」를 외워 보고 '산아 푸른 산아, 훨훨 날개치는 짙푸른 산아'하고 형의 작품을 마음속으로 중얼거려 보게 됩니다. 형의 작품이 나의 마음속에 살아나는 것은, 그만큼 생활이 숨가쁘게 괴롭다는 뜻이며, 그러므로 형의 싯귀는 한 줄기의 빛으로 그 싱싱한 생명감의 샘물 줄기로 나를 위로해주고 시원한 강가로 인도해 주는 것입니다. 시가 지니는 구실이 이보다 더 소중할 수 없을 것입니다.

너무나 혼자의 요설에 취해버렸습니다. 이것이 항상 나 자신의 단점임을 알면서도 끝내 고치지 못하는 것이 또한 저 나름의 좋은 점이 될지도 모른다고 자위할 때도 있습니다. 얼마 있지 않으면 "복사꽃도 핀다고 일러라, 살구꽃도 핀다고 일러라"라는 형의 싯귀대로 봄이 오리라 믿습니다. 물론 봄은 산새도 날아오지 않는 그 고독한 도봉뿐만 아니라 겨레나 사회나 인류 위에도 오게 될 것을 형과 함께 기도하겠습니다.

언제 조용한 날을 받아 청록파의 세 사슴이 한자리에 모일 수 있는 기회를 지훈 형께도 연락하여 마련하도록 해봅시다. 그럼 이것으로 그치겠습니다.

지훈의 마지막 모습

지훈이 세상을 떠나기 전 주일 토요일, 정확하게 말하면 1968년 5월 11일 두진에게서 전화가 걸려 왔다.

"목월이오?"

두진의 나직하게 가라앉은 그 침착하고 다정한 음성.

"두진, 왠일이오?"

"지훈하고 세 사람이 만나야 될 일이 있어."

"무슨 일인데?"

"어느 출판사가 『청록집』을 다시 내겠대. 의논해야겠어."

"그래! 그럼 지훈에게 연락해봅시다."

그날 오후 아담 다방에서 두진과 만나 지훈 댁으로 갔었다. 지훈은 깨끗하게 정리된 서재에 요를 펴고 누워 있었다. 우리가 들어가자 일어나 앉았다.

"괴로운데 눕지, 지훈."

"야냐, 괜찮아."

그는 여전히 앉아 있었다. 우리는 그가 그처럼 중병인 줄 전혀 깨닫지 못했다.

"『청록집』만 재판할 것이 아니라 이 기회에 청록 문학 선집을 내지 그래."

"그것도 좋지."

지훈의 말이었다. 근년에 와서 지훈은 어느 모임에서나 자기의 의견을 앞세우는 일이 없었다. 그것은 때로 옆에서 보기가 안타까울 정도였다. 만년에 그의 인격이 원숙해져서라기보다 원만한 처신을 하려는 것이 그의 신조였는지 모른다. 하지만 그러기에는 지훈은 아직 너무 젊다 싶은 생각을 나 혼자 가질 때가 있었다. 그날도 그가 의견을 앞세우는 일이 없었다. 다만, "우리 회갑이 되면 『백록집』낼 원고는 따로 모아 둬야 해." 한마디 했을 뿐이었다. 세 사람은 모두 웃었다.

"아무래도 지훈 형이 오래 살걸."

평소에 말이 없던 두진도 한마디 거들었다. 우리 세 사람이 한자리에 앉아, 오순도순 이야기를 나누게 된 것은 근년에 드문 일이었다. 이것은 우정이 엷어서가 아니다. 우리들의 우정은『청록집』을 낼 때부터 한결같았다. 또한 열되게 타오른 일도 없었다. 자기대로의 성격과 개성을 지켜 얼룩지는 일이 없이 20여 년 맺어 온 우정이었다.

"자, 가지."

두진과 내가 일어섰다.

"저녁 먹고 가."

지훈이 말렸다. 그 만류하는 태도가 평소의 지훈답지 않게 너무나 다정하고 애절했다.

"그러지 않아도 한번 셋이 저녁이라도 같이하려던 참이야, 먹고 가."

그러나 우리로서는 앓는 사람을 오래 괴롭힐 것만 같았고 더구나 이튿날은 제사가 있다면서 집안이 몹시 분주해 보였다.

"그냥 갈 테야."

"그래."

우리와 악수를 하는 그의 모습이 몹시 쓸쓸해 보였다. 골목에 나와 서는 그의 작별이 좀 이상하다는 느낌이 들었다. 하지만 그것이 영이별이 되리라고는 생각조차 못 했다.

외로이 흘러간 한 송이 구름
이 밤을 어디메서 쉬리라던 고.

성긴 빗방울
파초잎에 후두기는 저녁 어스름

창 열고 푸른 산과
마주 앉아라.

들어도 싫지 않은 물소리기에
날마다 바라도 그리운 산아

온 아침 나의 꿈을 스쳐 간 구름
이 밤을 어디메서 쉬리라던 고.

이것은 그의 「파초우」는 참으로 외로이 흘러간 한 송이 구름처럼 가 버렸다. 물론 가버리는 것이 그만이 아니다. 목숨을 지닌 자는 누구나 가게 된다. 하지만 그는 겨우 마흔여덟. 1920년생인 그가 아직도 해야 할 일이 많았다.

'지금 죽어서는 안 될 텐데. 너무나 할 일이 많은데.'

그도 죽음의 자리에서 중얼거렸다 한다.

날마다 바라봐도 산이 그립고, 꽃이 피는 아침은 울고 싶다던 아 지훈, 우리들의 시인, 그 마음 고우신 마음 어디에 두고 지훈이 가시 다니, 서러워라. 시인은 덧없이 가고 그가 부른 노래만, 시만 남았네. 두고두고 이 겨레의 가슴을 울릴 아름답고 높은 시, 시만 남았네.

이것은 두진이 작사한 지훈의 조가. 참으로 두고두고 이 겨레의 가슴을 울릴 시만 남겨 놓고 시인 조지훈은 양주군 마석리 뒷산에 조용히 잠들어 있다. 지훈, 길이 편하게 잠드시라.

Part. 4 — 청록파 시인들의 산문

제2부

조지훈
『조지훈의 산문』

무국어(撫菊語)

돌의 미학

방우산장기(放牛山莊記)

술은 인정이라

주도유단(酒道有段)

포호삼법(捕虎三法)

지조론(志操論)

여름 방학엔 무엇을 할까 ─귀향하는 학생들에게─

청춘의 특권을 남용하지 말라 ─대학생의 體貌(체모)를 위하여─

대학이란 이런 곳이다. ─신입생에게 주는 글─

우익좌파(右翼左派)

호상비문(虎像碑文)

무국어(撫菊語)

하는 수 없이 낙향해 버리고 만 것이 어느덧 철수가 바뀌었다. 날마다 산을 바라보고 밤마다 물소리를 이웃하는 것밖에 나는 책 한 권 바로 읽지 못하고 소란한 세상을 병든 몸으로 숨어서 살아간다. 친한 벗에게서는 편지 한 장 오지 않고 들리는 소문이란 쫓기는 백성의 울부짖음밖에 아무것도 없었다. 어쩌지 못할 설움 속에 내가 그래도 울먹거리는 마음을 다소 가라앉히기는 노란 국화가 피면서부터였다. 여름에 미리 파 두었던 한 평 남짓한 못에다 뒷곁 미나리꽝에서 물을 따 대었다. 산에 가서 기이한 돌을 가져다 쌓기도 하고, 강가에서 흰 모래와 갈대 몇 포기도 날라 온 보람이 있어 방 둘 부엌 하나밖에 없는, 이름 그대로 나의 외로운 초가삼간은 하루아침에 가을이 왔다. 무엇을 하며 누구와 더불어 얘기하나? 무척은 지루하고 고달프던 세월도 소슬한 바람이 불기 시작하자 줄달음질치는 듯하였다. 쓸쓸한 벗 국화와 갈대꽃이 창 밖에 와서 기다려도 어쩌지 못할 설움을 그들도 하소연하지 않는가. 높은 구름이 못 위에 어리는 날이면 창을 열고 먼 산을 바라다가 꽃을 바라고, 내 마음의 애무(愛撫)는 이 가냘픈, 그러나 칼날 같은 마음 앞에 적이 설레었다.

서릿발이 높아지자 국화는 더욱 청초해 가고, 나는 국화를 바라보단 불현듯 맨발로 섬돌을 내리도록 서글퍼진다.

논밭이 가까운 나의 집에는 이따금 메뚜기가 풀숲을 뛰어든다. 수탉은 메뚜기를 잡으러 쫓아나가다간 놓쳐버리고 담장 위에서 '꼬끼오'하고 길게 목청을 뽑는다. 무척 고요한 대낮에 낮닭 소리가 끝나면 마을은 더욱 고요해진다. 서울 성북동 아무 운치도 없는 집을 꾸미라고 k화백이 보내주신, 손수 가꾼 국화분을 하룻밤 자고 나니 닭들이 꽃과 잎을 모조리 따 먹고 부러진 줄기가 뒷마루에 떨어졌더니, 닭도 시골 닭은 국화를 먹기는커녕 국화 그늘 아래 즐거이 볕을 쬐며 존다. 사람이 콩깍지만 먹고 살거나 미물이 꽃을 먹는 풍류를 아니 배울 수 있겠는가 하고 그 때는 웃을 수밖에 없었으나 닭만큼도 국화를 즐기지 못하는 지금의 나의 마음을 국화는 알 것이다. 아아, 국화가 나에게 한갓 슬픔을 더해 준다기로소니 영혼과 육신이 함께 목마른 지금의 나에게 국화가 없으면 낙엽이 창살을 휘몰아치는 기나긴 가을밤을 어떻게 견디랴.

돌의 미학

돌의 맛—그것도 낙목한천의 이끼 마른 수석의 묘경을 모르고서는 동양의 진수를 얻었달 수가 없다. 옛 사람들의 마당 귀에 작은 바위를 옮겨다 놓고 물을 주어 이끼를 앉히는 거라든가, 흰 화선지 위에 붓을 들어 아주 생략되고 추상된 기골이 늠연한 한 덩어리의 물체를 그려 놓고 이름하여 석수도라고 바라보고 좋아하던 일을 생각하면 가슴이 흐뭇해진다. 무미한 속에서 최상의 미를 맛보고, 적연 부동한 가운데서 뇌성벽력을 듣기도 하고, 눈 감고 줄 없는 거문고를 타는 마음이 모두 이 돌의 미학에 통해 있기 때문이다.

동양화, 더구나 수묵화의 정신은 애초에 사실이 아니었다. 파초 잎새 위에 백설을 듬뿍 실어놓기도 하고, 10리 둘레의 산수풍경을 작은 화폭에다 거두기도 하고, 소쇄한 산봉우리 밑, 물을 따라 감도는 오솔길에다 나무꾼이나 산승이나 은자를 그리되, 개미 한 마리만큼 작게 그려 놓고 미소하는 그 화경은 사실이기보다는 꿈을 그린 것이었다. 이 정신이 사군자, 석수도, 서예로 추상의 길이 달린 것이 아니던가?

괴석이나 마른 나무 뿌리는 요즘의 추상파 화가들의 훌륭한 오브제가 되는 모양이다. 추상의 길을 통하여 동양화와 서양화가 융합의 손길을 잡은 것은 본질적으로 당연한 추세라 할 수 있다. '살아 있다'는 한 마디는 동양미의 가치 기준이거니와, 생명감의 무한한 파동이 바위보다 더한 것이 없다면 웃을는지 모른다. 그러나, 돌의 미는 영원한 생명의 미이다. 마고 그것의 추상이다.

내가 돌의 미를 처음 맛본 것은 차를 마시다가 우연히 바라본 그 바위에서부터였다. 선사의 다실에 앉아 내다본 정원의 돌이었다. 나의 20대의 일이다. 나는 한때 일본 경도의 묘심사에서 선에 든 적이 있었다. 1천 7백 측 공안을 차례로 깨쳐 간다는 지극히 형식화된 일본선은 가소로웠지만, 선의 현대화를 위해선 새로운 묘미가 아주 없는 것도 아니었다.

특히 흥미로웠던 것은 사뭇 유도처럼 메다꽂기도 하고, 공부가 모자라 벌을 설 때는 한겨울이라도 마당에 앉혀 놓고 밤을 새워 좌선을 강행시키는 그 수련에서 준열한 임제종풍의 살활검의 고조를 볼 수 있던 일이다.

그러나, 얼마 가지 않아 나는 이 선의 수행에서 싫증이 났다. 그래서 틈만 있으면 다실에 가서 다도를 즐기며 정원을 내다보는 것이 낙이 되었다. 일본의 정원 미술은 다실과 떠나서 생각할 수 없고, 다도는 선과 떼어서 생각할 수가 없는 것도 다 아는 사실이다. 묘심사에는 다도의 종장 한 분이 있었다. 나는 가끔 이 노화상과 대좌하여 다도를 즐기며 화경청적의 맛을 배우곤 하였다.

녹차를 찻종에 넣는 작은 나무 국자를 찻종 전에다 땅땅땅 두드리는 것은 벌목정정의 운치요, 찻주전자를 높이 들고 소리 높여 물을 따르는 것은 바로 산골의 폭포 소리를 가져오는 것이라 한다. 일본 예술의 인공성—그 자연을 비틀어 먹는 천박한 상징의 바탕이 여기 있구나 싶어서, 나는 미소를 머금기도 했다.

어쨌든, 나는 빈객으로서 다완을 받아 좌우의 사람에게 인사하는 법에서부터 잔을 들고 마시는 법, 나중에 골동으로서의 다완을 감상하며 주인을 추어주는 법을 배웠다—다완이 고려 자기인 경우에는 주인의 어깨가 으쓱해진다. 이 사장이 시키는 대로 차를 권하는 주인으로서의 예의작법을 시험해 보기도 하였다.

그것뿐이다. 나는 그 다도에는 흥미가 없었고, 그 뒤에 이 다도를 스스로 행해 본 적도 없다. 그러면서도 내가 이 다실에 자주 놀러 간 것은 사장과 더불어 파한으로 농담의 선문답을 하는 재미에서였다. 실상은 그것보다도 다실의 정적미에 매료되었다는 것이 더 적확한 것이다. 아담한 정원을 앞에 놓은 지극히 소박하고 단순한 이 다실은 무척 맑고 따뜻하였다.

미닫이는 젊은 중들이 길거리에서 주워온 종이를 표백하여 곱게 바른 것이어서 더욱 운치가 있었다. 나중에는 이 다실에 사장과 대좌해도 피차 무언의 행을 하는 사이가 되었다. 이럴 때 항상 내 눈을 빼앗아 가는 것은 정원 가장귀에 놓인 작은 바위기가 일쑤였다. 나의 선은 이 이끼 앉은 바위를 바라보며 시를, 민족을, 죽음을 화두로 삼고 있었다.

바위는 그 어떠한 문제에도 계시를 주는 성싶었다. 잔디 속에 묻혀 있는 불규칙한 징검돌은 사념의 촉수를 어느 방향으로든 끌고 비약하였다. 이리하여, 나는 선도 다도도 아닌 돌의 미학을 자득하여 가지고 이 이방의 절을 떠났던 것이다.

 떠나던 전날 사장은 7,8명의 귀족영양을 불러 다회를 열고 젊은 방랑객을 전별하였다.

 그것도 이른바 인연인지 모른다. 그 1년 뒤 나는 오대산 월정사에 있는 불교 전문 강원에서 교편을 잡게 되었고, 거기서 나는 우리의 선과 우리의 돌의 진미를 맛보게 되었다. 내가 머물고 있던 월정사의 동향한 1실은 창만 열면 산이요 숲이었고, 밤이면 물 소리 바람 소리가 사철 가을이었다. 여기서 보는 바위는 인공으로 다스리지 않은 자연 그대로의 암석이었다.

 기골과 풍치가 사뭇 대륙적이요, 검푸르고 마른 이끼가 드문드문 앉은 거창한 것이어서 묘심사의 인공적이요 온아적정하던 돌과는 그 맛이 판이하였다. 일진의 바람을 몰고 훌연한 자세로 부동하던 그 바위의 모습은 나의 심안의 발상을 다르게 하였다. 나는 여기서 1년 동안 차보다도 술을 마셨고, 나물만 먹는 창자에 애주무량해서 뼈만 남은 몸이 되어 내가 스스로 바위가 되어 가고 있었다. 나의 선도 상심낙사하는 화경청적의 다선에서 방우이목우하는 불기분방의 주선이 되고 말았다.

오대산은 동서남북 중대에 절이 있다. 서대절은 초옥수간 잡풀이 우거진 마당에, 누우면 부처도 없는 곳에 향을 사르고 정에 들어 있는 선승은 사람이 온 줄도 몰랐다. 그를 구태여 깨울 것이 없었다. 구름을 바라보고 새 소리를 들으면, 1천 7백 측 공안이 아랑곳없이 나도 그대로 현묘지경에 들어가는 것이었다. 오대산 상원사에는 방한암 종정이 선연을 열고 있었다. 이따금 마음이 내키면 나는 그 말석에 참하였다.

구름 노을 깊은 골에
샘물이 흐르느니
우짖는 산새 소리
길이 다시 아득해라.
일 없는 늙은 중은
바위 아래 잠든 것을
청전백일에
꽃잎이 흩날린다.

좌선을 쉴 때면 역시 바위를 내다보며 시를 생각하는 것이 좋았다. 바위를 내다보는 것은 내 마음을 들여다보는 것이었다.

우리 선방에도 차를 마신다. 오가피차나 맥차, 그것도 아무런 형식이 없이 아주 자유롭고 흐뭇하게 둘러앉아 농담을 나누면서 마시는 품이 까다롭지 않아서 별취였다. 창을 열면 산이 그대로 정원이요, 소동파의 ' '이라는 시구 그대로 화엄의 세계였다. '차는 찬데 왜 , 뜨거울까'—차와 차다의 동음을 이용하여 농담선문을 나에게 던지는 노승이 있었다. 나는 웃으면서 '예, 보리찹니다'라고 대답한다. 역시 '(보리)'와 '(보리)'의 동음을 이용한 것—이쯤 되면 농담도 선미가 있어서 파안대소였다.

' '의 귀로 연구에 끼이기도 하던 월정사의 생활도 미일 전쟁이 터지고 싱가포르가 함락되고 하면서부터는 숨어서 살 수 있는 암혈은 아니고 말았다. 과음의 나머지 나는 구멍 뚫린 괴석과 같은 추상의 육체를 이끌고 오대산을 떠나고 말았다. 뿐만 아니라 월정사는 6.25동란에 회신했다 한다.

내가 거처하던 동향일실—방우산장도 물론 오유로 돌아갔던 것이다. 그러나 나의 젊은 꿈이 깃든 숲 속의 그 바위는 아직도 남아 있을 것이다. 인세의 풍상에 아랑곳없는 것이 아니라, 그 풍상을 사람으로 더불어 같이 열력하면서 변하지 않는 데에 바위의 엄위와 정다움이 함께 있는 것은 아닐까?

돌에도 피가 돈다. 나는 그것을 토함산 석굴암에서 분명히 보았다. 양공의 솜씨로 다듬어 낸 그 우람한 석상의 위용은 살아 있는 법열의 모습 바로 그것이었다. 인공이 아니라 숨결과 핏줄이 통하는 신라의 이상적 인간의 전형이었다.

그러나, 이 신라인의 꿈 속에 살아 있던 밝고 고요하고 위엄 있고 너그러운 모습에 숨결과 핏줄이 통하게 한 것은, 이 불상을 조성한 희대의 예술가의 드높은 호흡과 경주된 심혈이었다. 그의 마음 위에 빛이 되어 떠오른 이상인의 모습을 모델로 삼아 거대한 화강석괴를 붙안고 밤낮을 헤아림 없이 쪼아 내고 깎아 낸 끝에 탄생된 이 불상은 벌써 인도인의 사상도 모습도 아닌 신라의 꿈과 솜씨였다.

석굴암의 중앙에 진좌(鎭座)한 석가상은 내가 발견한 두번째의 돌이다.

선사(禪寺)의 돌에서 나는 동양적 예지를 발견하였다. 그것은 지혜의 돌이었다. 그러나, 석굴암의 돌은 나에게 한국적 정감의 계시를 주었다. 그것은 예술의 돌이었다. 선사의 돌은 자연 그대로의 돌이었으나, 석굴암의 돌은 인공이 자연을 정련하여 깎고 다듬어서 오히려 자연을 연장 확대한 돌이었다.

나는 거기서 예술미와 자연미의 혼융(渾融)의 극치를 보았고, 인공으로 정련된 자연, 자연에 환원된 인공이 아니면 위대한 예술이 될 수 없다는 것을 배웠다. 예술은 기술을 기초로 한다. 바탕에 있어서는 예술이나 기술이 다 'art'다. 그러나 기술이 예술로 승화하려면 자연을 얻어야 한다. 다시 말하면 인공(人工)을 디디고서 인공을 뛰어넘어야 한다. 몸에 밴 기술을 망각하고 일거수일투족(一擧手一投足)이 무비법(蕪非法)이 될 때 예도(藝道)가 성립되고, 조화(造化)와 신공(神功)이 체득된다는 말이다.

나는 석굴암에서 그것을 보았던 것이다. 돌에도 피가 돈다는 것을 말이다. 나는 그 앞에서 찬탄과 황홀이 아니라 감읍(感泣)하였다. 그것이 불상이었기 때문이 아니었다. 한국 예술의 한 고전이었기 때문이다. 나는 몇 번이고 그 자비로운 입 모습과 수렷이 내민 젖가슴을 우러러보았고, 풍만한 볼기살과 넓적다리께를 얼마나 어루만졌는지 모른다.

내가 석굴암을 처음 가던 날은 양력 4월 8일, 이미 복사꽃이 피고 버들이 푸른 철에 봄눈이 흩뿌리는 희한한 날씨였다. 눈 내리는 도화불국(桃花佛國) — 그 길을 걸어가며, 나는 '벽장운외사홍로설변춘'(碧臟雲外寺紅路雪邊春)의 즉흥 일구를 얻었다. 이 무렵은 내가 오대산에서 나와서 조선어 학회의 《큰사전》편찬을 돕고 있을 때여서, 뿌리 뽑히려는 민족 문화를 붙들고 늘어진 선배들을 모시고 있을 때라 슬프고 외로울 뿐 아니라, 그저 가슴 속에서 불길이 치솟고 있을 때였다. 이 때에 나는 신앙인의 성지순례(聖地巡禮)와도 같은 심정으로 경주를 찾았던 것이다. 우리 안에 살아 있는 신라는 서구의 희랍 바로 그것이었다. 그리하여, 나는 피가 돌고 있는 석상에서 영원한 신라의 꿈과 힘을 보고 돌아왔다.

돌에는 맹렬한 의욕, 사나운 의지가 있다.

나는 그것을 피난 때 대구에서 보았다. 왕모래 沙土(사토)길 언덕에 서 있는 집채보다 큰 바위였다. 그 옆에는 뼈적 마른 소나무가 하나—송충이가 솔잎을 다 갉아먹어서 하늘을 가리울 한 점의 그늘도 지니지 못한 이 소나무는 용의 비늘을 지닌 채로 이미 상당히 늙어 있었다. 또, 그 옆에는 이 바위보다도 작은 판잣집이 하나 있을 뿐이었다. 이 살풍경한 언덕길을 가끔 나는 석양배(夕陽盃)에 취하여 찾아오곤 하였다.

그 무렵은 부산에서 백골단(白骨團) 땃벌떼가 나돌고 경찰이 국회를 포위하여 발췌개헌안(拔萃改憲案)을 강제 통과시키던 소위 정치 파동이 있던 임진년 여름이다. 드물게 보는 가뭄에 균열된 논이랑에서 농부가 앙천자실(仰天自失)한 사진이 신문에 실릴 무렵이었다. 그저 목이 타서 자꾸 막걸리를 마셨지만, 술이란 원래 물이긴 해도 불기운이라서 가슴은 더욱 답답하기만 하였다. 막걸리집에 앉아 기우문(祈雨文)을 쓴 것도 무슨 풍류만이 아니었다. 이무렵에 나는 이 사나운 의지의 돌을 발견하였다. 이 세 번째 돌은 혁명의 돌이었다.

그 바위에는 큰 나방이 한 마리 붙어 있었다. 나는 그것이 자꾸만 열리지 않는 돌문 앞에 매어달려 울고 있는 것으로 느껴졌다. 주먹으로 꽝꽝 두드려 보면, 그 바위는 무슨 북처럼 울리는 것도 같았다. 이 석문을 열고 들어가면 맷방석만한 해바라기 꽃송이가 우거지고 시원한 바다가 열려지는 딴 세상이 있을 것도 같았다.

나는 이 바위 앞에서 바위의 내력을 상상해 본다. '태초에 꿈틀거리던 지심의 불길에서 맹렬한 폭음과 함께 퉁겨져나온 이 바위는 비록 겉은 식고 굳었지만, 그 속은 아직도 사나운 의욕이 꿈틀대고 있을 것이다'라고—. 그보다도 처음 놓여진 그 자리 그대로 앉아 풍우상설(風雨霜雪)에 낡아 가는 그 자체가 그지없이 높이 보였다. 바위도 놓여진 자리에 따라 사상이 한결같지 않다. 이 각박한 불모의 미가 또한 나에게 인상적이었다.

성북동은 어느 방향으로나 5분만 가면 바위와 숲이 있어서 좋다. 요즘 낙목한천의 암석미를 맘껏 완상할 수 있는 나의 산보로는 변화의 가태를 벗고 미지의 진면목을 드러낸 풍성항 상념의 길이다.

나는 이 길에서 지나간 세월을 살피며, 돌의 미학, 바위의 사상사에 침잠한다. 내가 성북동 사람이 된지 스물세 해, 그것도 같은 자리 같은 집에서고 보니, 나도 암석의 생리를 닮은 모양이다. 전석불생태라고 구르는 돌에 이끼가 앉지 않는다는 것이 암석미의 제1장이다.

방우산장기(放牛山莊記)

　방우산장(放牛山莊)은 내가 거처하고 있는 이른바 '나의 집'에다 스스로 붙인 집 이름이다.

　집이란 물건은 고루거각(高樓巨閣)이든 용슬소옥(容膝小屋)이든지 본디 일정한 자리에 있는 것이요, 떠매고 돌아다닐 수 없는 것이매 집 이름도 특칭의 고유명사가 아닐 수 없으나 나의 방우산장(放牛山莊)은 원래 특정한 장소, 일정한 건물 하나에만 명명한 것이 아니고 보니 육척 수신 장구를 담아서 내가 그 안에 잠자고 일하며 먹고 생각하는 터전은 다 방우산장(放牛山莊)이라 부를 수밖에 없다. 산장이라 했으니 산 속에 있어야만 붙일 수 있는 이름이로되 십 리 둘레에 일점 산 없는 곳이 없고 보니 나의 방우산장(放牛山莊)은 심산에 있거나 시항에 있거나를 가리지 않고 일여한 산장이다. 이는 내가 본디 산에서 나고 또 장차 산으로 돌아갈 자이기 때문이다.

　기르는 한 마리 소야 있든지 없든지 방우(放牛)라 부르는 것은 내 소, 남의 소를 가릴 것 없이 설핏한 저녁 햇살 아래 내가 올라타고 풀피리를 희롱할 한 마리 소만 있으면 그 소가 지금 어디에 가 있든지 내가 아랑곳 할 것이 없기 때문이다.

집은 떠다니지 못하지만 사람은 떠돌게 마련이다. 방우산장의 이름에 값할 집은 열 손을 넘어 꼽게 된다. 어떤 때는 따뜻한 친구의 집이 내 산장이 되었고 어떤 때는 차운 여관의 일실이 내 산장이 되기도 하였다. 그나 그뿐인가. 피난 종군의 즈음에는 야숙의 담요 한 장이 내 산장이 되기도 하였다. 이러고 보면 취와의 경우에는 저 억조 성좌를 장식한 무변한 창공이 그대로 나의 산장이 될 법도 하지 않는가. 실상은 나를 바로 나이게 하는 내 영혼이 깃들인 곳[庫]집, 이 나의 육신이 구극에는 나의 산장이기도 하다.

방우산장(放牛山莊)에는 아직 한 장의 현판도 없다. 불행하게도 한 장의 현판을 걸었던들 방우산장(放牛山莊)은 이미 나의 집이 아니게 되었을 것이요, 나의 엉터리도 없는 집 이름은 몇 번이든지 바꿔졌을지도 모른다.

그러므로, 두려운 일은 곧 뒷날 내 죽은 뒤 어느 사람이 있어 나의 마음을 가장 잘 알아 주노라는 제 정성으로 방우산장(放牛山莊)이란 묘석을 내 무덤에다 세워 줄까 저어함이다.

그때는 이미 나의 방우산장(放牛山莊)은 이 지상에서는 소멸되고 저 지하의 한 이름 모를 나무 뿌리에 새겨져 있을 것이다. 땅 위에 남겨 놓고 간 '영혼의 새'가 깃들이는 곳―그 무성한 숲의 어느 한 가지가 방우산장이 될 것이다.

나의 소는 어느 때든지 마침내 내 집으로 돌아오리라. 그러므로, 떠나고는 다시 오지 않는 새를 나는 사랑한다. 소가 죽어서 새가 되었다고는 생각할 수가 없다. 그러나 나의 소는 저 산새소리를 따라서 어디론가 뛰어간 것에 틀림없다. 낙엽이 날리는 산장을 쓸며 나는 소를 기다리지 않고 시를 쓰며 산다.

술은 인정이라

 제 돈 써 가면서 제 술 안 먹어 준다고 화내는 것이 술뿐이요, 아무리 과장하고 거짓말해도 밉지 않은 것은 술 마시는 자랑뿐이다. 인정으로 주고 인정으로 받는 거라, 주고받는 사람이 함께 인정에 희생이 된다. 흥으로 얘기하고 흥으로 듣기 때문에 얘기하고 듣는 사람이 모두 흥 때문에 진위를 개의하지 않는다.

 "술을 마시는 것이 아니라 인정을 마시고, 술에 취하는 것이 아니라 흥에 취하는 것"이 오도(吾道)의 자랑이거니와 그 많은 인정 속에 술로 해서 잊지 못하는 인정가화(人情佳話) 두 가지를 지니고 있다.

 17, 8년 전 얘기다. 친구 한 사람이 관철동에 주인을 정하고 있어서 통행 금지 시간이 없는 그때에도 우리를 가끔 붙잡아 재워 주곤 했다. 그해 겨울 어느 날 몇 사람이 어울려 동아부인상회 맞은편 선술집으로부터 시작해서 '백수'니 '미도리'니 하는 우미관 골목을 휩쓸고 내쳐 '백마'니 '다이아몬드'니 하는 카페로 돌아다니며 밤 깊도록 마시고 나서 어찌된 셈인지 뿔뿔이 다 흩어지고 말았다.

 대취한 나는 발걸음이 자연 관철동으로 접어들게 되었다. 그 친구 집 대문을 흔들고 들어가 그 친구가 쓰는 문간방에서 방주인이 돌아오기를 기다릴 것도 없이 그냥 잠이 들었다. 새벽에 눈을 떠 보니 이건 어찌된 셈인가. 옆에 자는 사람은 친구가 아니라 반백이 넘은 노인이었다. 방안을 살펴보니 내가 노상 자곤 하던 친구의 방이 아니었다. 나는 쑥스럽고 놀랍고 해서 슬그머니 일어나 뺑소니를 치려던 참이었다. 늙은이라 나보다 먼저 잠이 깨어 있던 그는 완강히 나를 붙잡았다.

"여보 노형, 해장이나 하고 가야 피차 인사가 되지 않소?"

나는 그때만 해도 아직 소심과 수줍음이 심할 때라 이 말 한마디에 그만 취했을 때의 야성은 간 곳 없고 망연자실하여, 한참을 서 있다가 그냥 주저앉았다. 그 노인은 내가 앉는 것을 보고는 일어나 주전자와 냄비를 들고 골목 밖으로 사라졌다. 조금 뒤에 따끈하게 데운 술과 뜨거운 해장국 상을 앞에 놓고 이 노소 두 세대는 이내 담론이 풍발했다.

다시 술이 취한 뒤에서사 알았거니와 내가 친구 집인 줄 알고 문을 흔들 때 열어 준 사람도 자기였다는 것이다. 밤은 깊고 날은 몹시 추운데 낯모를 젊은이지만 그냥 돌려보낼 수가 없었다는 것이다. 서슴지 않고 방문을 열고 들어와 앉혀 놓고 잠이 드는 내 꼴이 재미가 있더라는 것이다. 백발의 위의(威儀)에다가 무디지 않은 그의 인품이 엿보이는 이 노인은 자기도 젊었을 땐 그런 경험이 있다는 것을 따뜻한 표정으로 말해 주었다. 그가 장성한 아들을 꺾었다는 것도 알았다. 무척 애주가이기 때문에 젊은 술꾼인 나의 행장(行狀)을 미소로 들으며 흥겨워했다.

사실은 날 재운 것이 길가에 쓰러져 자다가 어떻게 될까 하는 어버이 같은 염려도 있었지만 해장술을 한번 같이 나누고 싶은 마음이 있었기 때문이라 하였다. 나는 그분의 성함도 모른다. 그 노인은 이미 이 세상을 떠났을 것이다. 술을 아는 이만이 서로 알아주는 그것이 바로 따뜻한 정임을 이 일로써 깨달았다.

또 하나는 바로 1·4 후퇴 때 일이다. 1월 3일 밤 여덟 시에 마포를 건너 수원에서 자고 거기서 기차를 탄 것이 7일 아침에야 대구에 내렸었다. 그동안 사흘 밤을 우리는 기차 안에서 잤거니와 이 이야기는 어느 작은 역을 이른 아침에 기차가 닿았을 때 일어난 이야기다. 지붕에까지 만원이 된 피난 열차가 플랫폼에 멈추자 재빠른 사람들은 모두 내려와 불을 피우고 밥 짓느라고 부산하였다. 비꼬인 몸과 답답한 가슴을 풀어 보려고 비비면서 뛰어내린 나는 아주 희한히 반가운 일을 보았다.

어떤 여인이 플랫폼 한쪽 귀퉁이에 불을 피워 놓고 약주를 팔고 있지 않겠는가? 벌써 어떤 중년 신사가 한잔 들이키고 있었다. 나는 얼른 뛰어가서 그저 덮어놓고 한 사발 달래서 쭉 들이켰다(그 술맛의 쾌적했음은 평생을 두고 잊지 못하리라). 안주로 찌개 두어 숟갈도 들었다. 아무래도 미진해서 한 사발만 더 달랬더니 어쩐 일인지 술파는 부인은 웃기만 하고 술도 대답도 주지를 않았다. 그때 둘째 잔을 마시고 있는 중년 신사는 술잔을 놓고 유심히 눈웃음을 지으며, "선생도 술은 무던히 좋아하는구료. 목마르신 것 같아서 한잔 권했지만 이 술은 파는 게 아니요, 부산까지 가는 동안에 이렇게 아침저녁으로 한두 잔씩 하려고 가져온 것입니다." 하면서 술을 더 못 주는 이유는 말하지 않고 손수건을 꺼내어 입을 닦으면서 일어서는 것이었다.

"글쎄 자기 피란 짐은 아무것도 꾸릴 필요가 없다면서 약주 여섯 병만 묶어 들고 나셨잖아요, 호호호."

입을 가리고 조용히 웃는 그 여인, 돈 안 받고 술을 팔던 그 여인은 물론 그 신사의 부인이었다.

술로써 오달(悟達)한 그 체관과 유유함이 이 혼란중에 한층 의젓하고 멋이 있어서 부러웠다. 그는 기차가 이렇게 천천히 간다면 부산까지 가는 동안에 술이 모자랄 것이라고 걱정하였다. 둘이 마주 쳐다보고 함께 웃었다. 그렇게 아끼는 술을 말없이 주는 인정, 이것이 술을 아는 마음이요 인생을 아는 마음이 아니냐. 파는 술인 줄 알고 당당히 손을 내민 내 행색은 지금도 고소를 불금하거니와 낯모르는 사람에게 흔연히 한잔 따루어 주던 그 부인도 인생의 진미를 체득한 것 같았다. 이것이 모두 술의 감화라고 생각하면 약간의 허물이 있다 해서 덮어놓고 술을 폄(貶)하는 폭력 의지는 아직 술을 모르는 탓이라고 규정할 수밖에 없다.

주도유단(酒道有段)

술을 마시면 누구나 다 기고만장(氣高萬丈)하여 영웅호걸(英雄豪傑)이 되고 위인현사(偉人賢士)도 안중(眼中)에 없는 법이다.

그래서 주정만 하면 다 주정이 되는 줄 안다.

그러나 그 사람의 주정을 보고 그 사람의 인품과 직업은 물론 그 사람의 주력(酒歷)과 주력(酒力)을 당장 알아 낼 수 있다. 주정도 교양(敎養)이다.

많이 안다고 해서 다 교양이 높은 것이 아니듯이 많이 마시고 많이 떠드는 것만으로 주격(酒格)은 높아지지 않는다.

주도(酒道)에도 엄연히 단(段)이 있다는 말이다.

첫째 술을 마신 연륜(年輪)이 문제요, 둘째 같이 술을 마신 친구가 문제요,
세째는 마신 기회가 문제며, 네째는 술을 마신 동기, 다섯째 술 버릇, 이런 것을 종합해 보면 그 단(段)의 높이가 어떤 것을 알 수 있다.

음주(飮酒)에는 무릇 십팔(十八)의 계단(階段)이 있다.

1)부주(不酒)
술을 아주 못 먹진 않으나 안 먹는 사람.

2)외주(畏酒)
술을 마시긴 마시나 술을 겁내는 사람.

3)민주(憫酒)
마실 줄도 알고 겁내지도 않으나 취하는 것을 민망하게 여기는 사람.

4)은주(隱酒)
마실 줄도 알고 겁내지도 않고 취할 줄도 알지만 돈이 아쉬어서 혼자 숨어 마시는 사람.

5)상주(商酒)
마실 줄 알고 좋아도 하면서 무슨 이(利)속이 있을 때만 술을 내는 사람.

6)색주(色酒)
성생활(性生活)을 위하여 술을 마시는 사람.

7)수주(睡酒)

잠이 안 와서 술을 먹는 사람.

8)반주(飯酒)

밥맛을 돕기 위해서 마시는 사람.

9)학주(學酒)

술의 진경(眞境)을 배우는 사람(주졸(酒卒)).

10)애주(愛酒)

술의 취미(趣味)를 맛보는 사람(주도(酒徒)).

11)기주(嗜酒)

술의 진미()眞味에 반한 사람(주객(酒客)).

12)탐주(眈酒)

술의 진경(眞境)을 체득(體得)한 사람 (주호(酒豪)).

13)폭주(暴酒)

주도(酒道)를 수련하는 사람(주광(酒狂)).

14)長酒(장주)

주도(酒道) 삼매(三昧)에 든 사람(주선(酒仙)).

15) 석주(惜酒)

술을 아끼고 인정을 아끼는 사람(주현(酒賢)).

16) 낙주(樂酒)

마셔도 그만 안 마셔도 그만, 술과 더불어 유유자적(悠悠自適)하는 사람(주성(酒聖)).

17) 관주(觀酒)

술을 보고 즐거워하되 이미 마실 수는 없는 사람(주종(酒宗)).

18) 폐주(廢酒)

술로 말미암아 다른 술 세상으로 떠나게 된 사람(열반주(涅槃酒)).

부주(不酒) 외주(畏酒) 민주(憫酒) 은주(隱酒)는 술의 진경(眞境) 진미(眞味)를

모르는 사람들이요, 상주(商酒) 색주(色酒) 수주(睡酒) 반주(飯酒)는 목적을 위하여 마시는 술이니 3술의 진체(眞諦)를 모르는 사람들이다.

학주(學酒)의 자리에 이르러 비로소 주도초급(酒道初級)을 주고 주졸(酒卒)이란 칭호를 줄 수 있다. 반주(飯酒)는 이급(二級)이요, 차례로 내려가서 불주(不酒)가 구급(九級)이니 그 이하는 척주(斥酒) 반주당(反酒黨)들이다.

애주(愛酒) 기주(嗜酒) 탐주(耽酒) 폭주(暴酒)는 술의 진미(眞味)진경(眞境)을 오달(悟達) 한 사람이요, 장주(長酒)석주(惜酒)낙주(樂酒)관주(觀酒)는 술의 진미를 체득하고 다시 한 번 넘어서 임운자적(任運自適)하는 사람들이다.

애주(愛酒)의 자리에 이르러 비로소 주도(酒道)의 초단(初段)을 주고 주도(酒徒)란 칭호를 줄 수 있다. 기주(嗜酒)가 이단(二段)이요, 차례로 올라가 열반주(涅槃酒)가 구단(九段)으로 명인급(名人級)이다.

그 이상은 이미 이승 사람이 아니니 단(段)을 맬 수 없다. 그러나 주도(酒道)의 단(段)은 때와 곳을 따라 그 질량(質量)의 조건에 따라 비약이 심하고 강등(降等)이 심하다.

다만 이 대강령(大綱領)만은 확호(確乎)한 것이니 유단(有段)의 실력을 얻자면 수업료가 기백만금(幾百萬金)이 들 것이요, 수행연한(修行年限) 이 또한 기십년(幾十年)이 필요할 것이다.

(단(旦) 천재(天才)는 차한(此限)에 부재(不在)이다).

요즘 바둑열이 왕성하여 도처에 기원(棋院)이다. 주도열(酒道熱)은 그보담 훨씬 먼저인 태초(太初) 이래로 지금까지 쇠미한 적이 없지만 난세(亂世)는 사도(斯道)마저 타락케 하여 질적 저하가 심하다. 내 비록 학주(學酒)의 소졸(小卒)이지만 아마추어 주원(酒院)의 사범(師範) 쯤은 능히 감당할 수 있건만 이십년(二十年) 정진에 겨우 초급(初級)으로 이미 몸은 관주(觀酒)의 경에 있으니 돌돌(咄咄) 인생사(人生事) 한도 많음이여!

술 이야기를 써서 생기는 고료(稿料)는 술 마시기 위한 주전(酒餞)을 삼는 것이 제 격(格)이다. 글 쓰기보다는 술 마시는 것이 훨씬 쉽고 글쓰는 재미보다도 술 마시는 재미가 더 깊은 것을 깨달은 사람은 글이고 무엇이고만사휴의 (萬事休矣)다. 술 좋아하는 사람 쳐놓고 惡人(악인)이 없다는 것은, 그만치 술꾼이란 만사에 악착같이 달라붙지 않고 흔들거리기 때문이요, 그 때문에 모든 일에 야무지지 못하다.

음주유단(飮酒有段)!

고단(高段)도 많지만 학주(學酒)의 경(境)이 최고경지라고 보는 나의 졸견(拙見)은 내가 아직 세속의 망념(妄念)을 다 씻어버리지 못한 탓이다.

酒道(주도)의 정견(正見)에서 보면 공리론적(功利論的) 경향이라 하리라.

천하(天下)의 호주(好酒) 동호자(同好者) 제씨(諸氏)의 의견은 약하(若何)오.

포호삼법(捕虎三法)

포호삼법(捕虎三法)이란 것이 있다. 호랑이를 잡는 데 세 가지 방법이 있다는 말이다. 호랑이도 여러 가지가 있어서 어리석은 놈, 범상한 놈, 영웅적인 놈의 세 유형이 있다는 것이다. 호랑이를 잡자면 이 유형에 따라 법을 달리 해야 한다.

첫째, 어리석은 호랑이를 잡는 법은 한국 사람이면 누구나 다 안다. 호랑이가 잠잘 때 살그머니 가서 잘 드는 칼로 호랑이 얼굴을 열십 자로 쫙 그려 놓고 뒤로 돌아가 호랑이 꼬리를 잡고서 '이놈' 하고 소리를 지르면 깜짝 놀라 깨어 후다닥 달아나는 바람에 알맹이만 쏙 빠져 달아나고 껍질은 제대로 남는다는 방법이다.

그러나, 둘째 방법, 범상한 호랑이를 잡는 데는 이 방법으로는 안 된다. 범상한 호랑이지만 어리석은 놈과 달라서 두피를 칼로 가르려다가는 큰코를 다친다. 말하자면 범상한 호랑이지만 우호(愚虎)보다는 똑똑하다는 셈이다. 이런 호랑이를 잡자면 왜 그 진드기란 기생충이 있지 않은가. 그 진드기란 놈 한 스무 마리 정도만 잡아 가지고 호랑이 자는 데를 찾아가서 호랑이란 놈 불알 근처에 놓아두면 된다.

진드기 스무 마리가 한꺼번에 총공격하는 바람에 잠자던 호랑이는 근지러워 못 견디겠어서 잠을 깨 가지고는 이빨로 제 불알을 자근자근 깨문다는 것이다. 한창 시원한 고비에 이르면 그만 저도 모르게 꽉

하고 깨무는 통에 불알이 딱 끊기어 호랑이 입 속에 남게 되고 그래서 호랑이는 제풀에 죽는다는 것이다.

그러나 셋째 방법, 즉 영웅 호랑이는 이 두 가지 방법으론 다 안 된다. 영웅 호랑이는 머리가 기민할 뿐 아니라 기개가 높아서 함부로 다루지 못한다.

그러나, 영웅 호랑이는 사람 세상과 마찬가지로 지조를 지키느라 대개 아호(餓虎)가 많다. 이런 영웅 호랑이를 잡으려면 여자의 서답(생리대)을 가지고 가야 한다. 영웅 호랑이가 자는 코 앞에 이 서답을 던져 주면 된다. 배가 고픈 영웅 호랑이는 무슨 피비린내를 맡고 눈을 뜬다. 앞발을 내밀어 서답을 당겨다 놓고 가만히 들여다본다.

이게 무슨 고길까, 토끼고기도 아니고 노루고기도 아니고 이게 무얼까. 서답을 한 번 뒤집어 놓으며 고개를 기울이고 호랑이는 심사숙고하게 된다. 이윽고 영웅 호랑이는 고개를 끄덕인다.

"내 일찍이 들으니 인간 여자의 하문(下門)에서 이런 것이 나온다더니 이게 바로 그건가 보구나. 내 아무리 배가 고픈들 이거야 먹을 수 있나."

영웅 호랑이는 한숨을 한 번 쉬고는 분연히 자살하고 만다. 늙어서 토끼나 노루를 쫓을 수도 없고 불의와 창피를 무릅쓰자니 자존심이 허락하지 않아 마침내 영웅 호랑이는 자살하고 만다는 것이다. 죽어서 호피만을 남기는 것이 아니라 호랑이도 영웅은 분사(憤死)의 기개로 이름을 남긴다는 것이다.

이것으로 포호삼법은 끝난다. 호랑이 많은 한국에 호랑이 잡는 법도 매우 한국적이다.이건 호랑이 잡는 법이 아니라 사람 잡는 법이로구나.

지조론(志操論)

— 변절자(變節者)를 위하여 —

 지조란 것은 순일(純一)한 정신을 지키기위한 불타는 신념이요, 눈물겨운 정성이며, 냉철한 확집(確執)이요, 고귀한 투쟁이기까지 하다. 지조가 교양인의 위의(威儀)를 위하여 얼마나 값지고, 그것이 국민의 교화에 미치는 힘이 얼마나 크며, 따라서 지조를 지키기 위한 괴로움이 얼마나 가혹한가를 헤아리는 사람들은 한 나라의 지도자를 평가하는 기준으로서 먼저 그 지조의 강도(强度)를 살피려한다. 지조가 없는 지도자는 믿을 수가 없고, 믿을 수 없는 지도자는 따를 수가 없기 때문이다. 자기의 명리(名利)만을 위하여 그 동지와 지지자와 추종자를 일조(一朝)에 함정에 빠뜨리고 달아나는 지조없는 지도자의 무절제와 배신 앞에 우리는 얼마나 많이 실망하였는가. 지조를 지킨다는 것이 참으로 어려운 일임을 아는 까닭에 우리는 지조있는 지도자를 존경하고 그 곤고(困苦)를 이해할 뿐 아니라 안심하고 그를 믿을 수도 있는 것이다, 이와 같이 생각하는 자(者)이기 때문에 지조없는 지도자, 배신하는 변절자들을 개탄(慨歎)하고 연민(憐憫)하며 그와같은 변절의 위기의 직전에 있는 인사들에게 경성(警醒)이 있기를 바라는 마음이 간절하다. 지조는 선비의 것이요, 교양인의 것이다. 장사꾼에게 지조를 바라거나 창녀에게 지조를 바란다는 것은 옛날에도 없었던 일이지만, 선비와 교양인과 지도자에게 지조가 없다면 그가 인격적으로 장사꾼과 창녀와 가릴 바가 무엇이 있겠는가. 식견(識見)은 기술자와 장사꾼에게도 있을 수 있지 않는가 말이다. 물론지사(志士)와 정치가가 완전히 같은 것은 아니다. 독립운동을 할 때의혁명가와 정치인은 모두 다 지사였고 또 지사라야 했지만, 정당 운동의단계의 들어간 오늘의 정치가들에게 선비의 삼엄한 지조를 요구하는것은 지나친 일인 줄은 안다. 그러나 오늘의 정치-정당 운동을 통한정치도국리민복(國利民福)을 위한 정책을 통해서의 정상(政商)인이상백성을 버리고 백성이 지지하는 공동전선을 무너뜨리고개인의구복(口腹)과명리(名利)를위한부동(浮動)은무지조(無志操)로 규탄되어 마땅하다고하지 않을 수 없다. 더구나 오늘 우리가 당면한 현실과 이 난국을 수습할지도자의 자격으로 대망하는 정치가는권모술수(權謀術數)에 능한 직업정치인(職業政治人)보다 지사적(志士的)품격(品格)의 정치 지도자를더 대망하는 것이 국민 전체의 충정(衷情)인 것이 속일 수 없는 사실이기에더욱 그러하다.

　염결공정(廉潔公正) 청백강의(淸白剛毅)한 지사정치(志士政治)만이 국운을 만회할 수 있다고 믿는 이상 모든 정치 지도자에 대하여 지조의 깊이를 요청하고 변절의 악풍을 타매(唾罵)하는 것은 백성의 눈물겨운 호소이기도 하다.

　지조와 정조는 다같이 절개에 속한다. 지조는 정신적인 것이고, 정조는 육체적인 것이라고하지만, 알고 보면 지조의 변절도 육체 생활의 이욕(利慾)에 매수된것이요, 정조의 부정도 정신의 쾌락에 대한 방종에서 비롯된다. 오늘의정치인의 무절제를 장사꾼적인 이욕의 계교와 음부적(淫婦的) 환락의 탐혹(耽惑)이 합쳐서 놀아난 것이라면 과연 극언이 될 것인가.

　하기는, 지조와 정조를 논한다는 것부터가 오늘에 와선 이미 시대

착오의 잠꼬대에 지나지 않는다고 할 사람이 있을지 모른다. 하긴 그렇다. 왜 그러냐하면, 지조와 정조를 지킨다는 것은 부자연한 일이요, 시세를 거역하는 일이기 때문이다. 과부나 홀아비가 개가(改嫁)하고 재취하는 것은 생리적으로나 가정생활로나 자연스러운 일이므로 아무도 그것을 막을 수 없고, 또 그것을 막아서는안 된다. 그러나 우리는 그 개가와 재취를 지극히 당연한 것으로 승인하면서도 어떤 과부나 환부(鰥夫)가 사랑하는 옛 짝을 위하여 개가나 속현(續絃)의길을 버리고 일생을 마치는 그 절제에 대하여 찬탄하는 것을 또한 잊지 않는다.

보통 사람이 능히 하기 어려운 일을 했대서만이 아니라 자연으로서의 인간의 본능고(本能苦)를 이성과 의지로써 초극(超克)한 그 정신이 높이를 보기 때문이다. 정조의 고귀성이 여기에 있다. 지조도 마찬가지다. 자기의 사상과 신념과 양심과 주체는 일찌감치 집어던지고시세(時勢)에 따라 아무 권력에나 바꾸어 붙어서 구복(口腹)의 걱정이나 덜고 명리(名利)의 세도에 참여하여 꺼덕대는 것이 자연한 일이지, 못나게 꾀를 부린다고 주리고 얻어맞고 짓밟히는 것처럼 부자연한 일이 어디 있겠냐고 하면 얼핏 들어 우선 말은 되는 것 같다.

여름에 아이스케이크장사를 하다가 가을바람만 불면 단팥죽 장사로 간판을 남 먼저 바꾸는것을 누가 욕하겠는가. 장사꾼, 기술자, 사무원의 생활 방도는 이 길이오히려정도(正道)이기도 하다. 오늘의 변절자도 자기를 이 같은 사람이라 생각하고 또 그렇게 자처한다면 별 문제다.

그러나 더러운 변절의 정당화를 위한 엄청난 공언을 늘어놓은 것은 분반(噴飯)할 일이다. 백성들이 그렇게 사람 보는 눈이 먼 줄 알아서는 안 된다. 백주 대로에 돌아앉아 볼기짝을 까고 대변을 보는 격이라면 점잖지 못한 표현이라 할 것인가.

 지조를 지키기란 참으로 어려운 일이다. 자기의 신념에 어긋날 때면 목숨을 걸어 항거하여 타협하지 않고 부정과 불의한 권력 앞에는 최저의 생활, 최악의 곤욕(困辱)을 무릅쓸 각오가 없으면 섣불리 지조를 입에 담아서는 안 된다. 정신의 자존(自尊) 자시(自恃)를 위해서는 자학(自虐)과도 같은 생활을 견디는 힘이 없이는 지조는 지켜지지 않는다. 그러므로 지조의 매운 향기를 지닌 분들은 심한 고집과 기벽(奇癖)까지도 지녔던 것이다.

 신단재(申丹齋) 선생은 망명 생활 중 추운 겨울에 세수를 하는데 꼿꼿이 앉아서 두 손으로 물을 움켜다 얼굴을 씻기 때문에 찬물이 모두 소매 속으로 흘러 들어갔다고 한다. 어떤 제자가 그 까닭을 물으매, 내 동서남북 어느 곳에도 머리숙일 곳이 없기 때문이라고 했다는 일화(逸話)가 있다.

 무서운 지조를 지킨 분의 한 분인 한용운(韓龍雲) 선생의 지조 때문에 낳은 많은 기벽의 화도 마찬가지다.

 늘 우리가 지도자와 정치인들에게 바라는 지조는 이토록 삼엄한 것은 아니다. 다만 당신 뒤에는 당신들을 주시하는 국민이 있다는 것을 잊지 말고 자신의 위의와 정치적 생명을 위하여 좀더 어려운 것을 참고 견디라는 충고 정도다. 한 때의 적막을 받을지언정 만고에 처량한 이름이 되지 말라는 채근담(菜根譚)의 한 구절을 보내고 싶은 심정이란 것이다. 끝까지 참고 견딜 힘도 없으면서 뜻있는 백성을 속여 야당(野黨)의 투사를 가장함으로써 권력의 미끼를 기다리다가 후딱 넘어가는 교지(狡智)를 버리라는 말이다. 욕인(辱人)으로 출세의 바탕을 삼고 항거로써 최대의 아첨을 일삼는 본색을 탄로시키지 말라는 것이다. 이러한 충언의 근원을 캐면 그 바닥에는 변절하지 말라, 지조의 힘을 기르란 뜻이 깃들어 있다.

변절이란 무엇인가. 절개를 바꾸는 것, 곧 자기가 심신으로 이미 신념하고 표방했던 자리에서 방향을 바꾸는 것이다. 그러므로 사람이 철이 들어서 세워 놓은 주체의 자세를 뒤집는 것은 모두 다 넓은 의미의 변절이다. 그러나 사람들이 욕하는 변절은 개과천선(改過遷善)의 변절이 아니고 좋고 바른 데서 나쁜 방향으로 바꾸는 변절을 변절이라 한다.

일제(日帝) 때 경찰에 관계하다 독립 운동으로 바꾼 이가 있거니와 그런 분을 변절이라고 욕하진 않았다. 그러나 독립 운동을 하다가 친일파(親日派)로 전향한 이는 변절자로 욕하였다. 권력에 붙어 벼슬하다가 야당이 된 이도 있다. 지조에 있어 완전히 깨끗하다고는 못하겠지만 이들에게도 변절자의 비난은 돌아가지 않는다.

나머지 하나 협의(狹義)의 변절자, 비난 불신의 대상이 되는 변절자는 야당전선(野黨戰線)에서 이탈하여 권력에 몸을 파는 변절자다. 우리는 이런 사람의 이름을 역력히 기억할 수 있다.

자기 신념으로 일관한 사람은 변절자가 아니다. 병자호란(丙子胡亂) 때 남한산성(南漢山城)의 치욕에 김상헌(金尙憲)이 찢은 항서(降書)를 도로 주워 모은 주화파(主和派) 최명길은 당시 민족 정기(民族正氣)의 맹렬한 공격을 받았으나, 심양(瀋陽)의 감옥에 김상헌과 같이 갇히어 오해를 풀었다는 일화는 널리 알려진 얘기다.

최명길은 변절의 사(士)가 아니요 남다른 신념이 한층 강했던 이였음을 알 수 있다. 또 누가 박중양(朴重陽), 문명기(文明琦) 등 허다한 친일파를 변절자라고 욕했는가. 그 사람들은 변절의 비난을 받기 이하의 더러운 친일파로 타기(唾棄)되기는 하였지만 변절자는 아니다.

민족 전체의 일을 위하여 몸소 치욕을 무릅쓴 업적이 있을 때는 변절자로 욕하지 않는다. 앞에 든 최명길도 그런 범주에 들거니와, 일제(日帝) 말기 말살되는 국어(國語)의 명맥(命脈)을 붙들고 살렸을 뿐 아니라 국내에서 민족 해방의 날을 위한 유일의 준비가 되었던 〈맞춤법 통일안〉, 〈표준말 모음〉, 〈큰사전〉을 편찬한 〈조선어 학회〉가 국민 총력 연맹 조선어 학회지부(國民總力聯盟 朝鮮語學會支部)의 간판을 붙인 것을 욕하는 사람은 없었다.

아무런 하는 일도 없었다면, 그 간판은 족히 변절의 비난을 받고도 남음이 있었을 것이다. 이런 의미에서 좌옹(佐翁), 고우(古友), 육당(六堂), 춘원(春園) 등 잊을 수 없는 업적을 지닌 이들의 일제 말의 대일 협력(對日協力)의 이름은 그 변신(變身)을 통한 아무런 성과도 없었기 때문에 애석하나마 변절의 누명을 씻을 수 없었다. 그분들의 이름이 너무나 컸기 때문에 그에 대한 실망이 컸던 것은 우리의 기억이 잘 알고 있다. 그 때문에 이분들은 〈반민특위(反民特委)〉에 불리었고, 거기서 그들의 허물을 벗겨 주지 않았던가. 아무것도 못하고 누명만 쓸 바에야 무위(無爲)한 채로 민족정기의 사표(師表)가 됨만 같지 못한 것이다.

변절자에게는 저마다 그럴듯한 구실이 있다. 첫째, 좀 크다는 사람들은 말하기를, 백이(伯夷)·숙제(叔齊)는 나도 될 수 있다. 나만이 깨끗이 굶어 죽으면 민족은 어쩌느냐가 그것이다. 범의 굴에 들어가야 범을 잡는다는 투의 이론이요, 그 다음에 바깥에선 아무 일도 안 되니 들어가 싸운다는 것이요, 가장 하치가, 에라 권력에 붙어 이권이나 얻고 가족이나 고생시키지 말아야겠다는 것이다. 굶어 죽기가 쉽다거나 들어가 싸운다거나 바람이 났거나 간에 그 구실을 뒷받침할 만한 일을 획책(劃策)도 한 번 못해 봤다면 그건 변절의 낙인밖에 얻을 것이 없는 것이다.

우리는 일찍이 어떤 선비도 변절하여 권력에 영합해서 들어갔다가 더러운 물을 뒤집어쓰지 않고 깨끗이 물러나온 예를 역사상에서 보지 못했다. 연산주(燕山主)의 황음(荒淫)에 어떤 고관의 부인이 궁중에 불리어 갈 때 온몸을 명주로 동여매고 들어가면서, 만일 욕을 보면 살아서 돌아오지 않겠다고 해 놓고 밀실에 들어가서는 그 황홀한 장치와 향기에 취하여 제 손으로 명주를 풀고 눕더라는 야담이 있다. 어떤 강간(強姦)도 나중에는 화간(和姦)이 된다는 이치와 같지 않는가.

만근(輓近) 30년래에 우리나라는 변절자가 많은 나라였다. 일제 말의 친일 전향, 해방 후의 남로당 탈당, 또 최근의 민주당의 탈당, 이것은 20이 넘은, 사상적으로 철이 난 사람들의 주착없는 변절임에 있어서는 완전히 동궤(同軌)다. 감당도 못할 일을, 제 자신도 율(律)하지 못하는 주제에 무슨 민족이니 사회니 하고 나섰더라는 말인가. 지성인의 변절은 그것이 개과천선(改過遷善)이든 무엇이든 인간적으로 일단 모욕을 자취(自取)하는 것임을 알 것이다.

우리가 지조를 생각하는 사람에게 주고 싶은 말은 다음의 한 구절이다.

'기녀(妓女)라도 그늘막에 남편을 좇으면 한평생 분냄새가 거리낌 없을 것이요, 정부(貞婦)라도 머리털 센 다음에 정조(貞操)를 잃고 보면 반생의 깨끗한 고절(苦節)이 아랑곳 없으리라. 속담에 말하기를 '사람을 보려면 다만 그 후반을 보라.' 하였으니 참으로 명언이다.

차돌에 바람이 들면 백 리를 날아간다는 우리 속담이 있거니와, 늦

바람이란 참으로 무서운 일이다. 아직 지조를 깨뜨린 적이 없는 이는 만년(晩年)을 더욱 힘 쓸 것이니 사람이란 늙으면 더러워지기 마련이기 때문이다. 아직 철이 안 든 탓으로 바람이 났던 이들은 스스로의 후반을 위하여 번연(飜然)히 깨우치라. 한일 합방(韓日合邦) 때 자결(自決)한 지사 시인(志士詩人) 황매천(黃梅泉)은 정탈(定奪)이 매운 분으로 매천필하무완인(梅泉筆下無完人)이란 평을 듣거니와 그 〈매천야록(梅泉野錄)〉에 보면, 민충정공(閔忠正公), 이용익(李容翊) 두 분의 초년(初年行績)을 헐뜯은 곳이 있다. 오늘에 누가 민충정공, 이용익 선생을 욕하는 이 있겠는가. 우리는 그분들의 초년을 모른다. 역사에 남은 것은 그분들의 후반이요, 따라서 그분들의 생명은 마지막에 길이 남게 될 것이다.

도도(滔滔)히 밀려오는 망국(亡國)의 탁류(濁流)—이 금력과 권력, 사악 앞에 목숨으로써 방파제를 이루고 있는 사람들은 지조의 함성을 높이 외치라. 그 지성 앞에는 사나운 물결도 물러서지 않고는 못 배길 것이다. 천하의 대세가 바른 것을 향하여 다가오는 때에 변절이란 무슨 어처구니없는 말인가. 이완용(李完用)은 나라를 팔아먹어도 자기를 위한 36년의 선견지명(先見之明)(?)은 가졌었다. 무너질 날이 얼마 남지 않은 권력에 뒤늦게 팔리는 행색(行色)은 딱하기 짝없다. 배고프고 욕된 것을 조금 더 참으라. 그보다 더한 욕이 변절 뒤에 기다리고 있다.

'소인기(少忍飢)하라.' 이 말에는 뼈아픈 고사(故事)가 있다. 광해군(光海君)의 난정(亂政) 때 깨끗한 선비들은 나가서 벼슬하지 않았다.

어떤 선비들이 모여 바둑과 청담(淸談)으로 소일(消日)하는데, 그 집 주인은 적빈(赤貧)이 여세(如洗)라, 그 부인이 남편의 친구들을 위하여 점심에는 수제비국이라도 끓여 드리려 하니 땔나무가 없었다. 궤짝을 뜯어 도마 위에 놓고 식칼로 쪼개다가 잘못되어 젖을 찍고 말았다.

바둑 두던 선비들은 갑자기 안에서 나는 비명을 들었다. 주인이 들어갔다가 나와서 사실 얘기를 하고 초연히 하는 말이, 가난이 죄라고 탄식하였다.

그 탄식을 듣고 선비 하나가 일어나서며, 가난이 원순 줄 이제 처음 알았느냐고 야유하고 간 뒤로 그 선비는 다시 그 집에 오지 않았다. 몇 해 뒤에 그 주인은 첫 뜻을 바꾸어 나아가 벼슬하다가 반정(反正) 때 몰리어 죽게 되었다.

수레에 실려서 형장(刑場)으로 가는데 길가 숲 속에서 어떤 사람이 나와 수레를 잠시 멈추게 한 다음 가지고 온 닭 한 마리와 술 한 병을 내놓고 같이 나누며 영결(永訣)하였다.

그 때 친구의 말이, 자네가 새삼스레 가난을 탄식할 때 나는 자네가 마음이 변한 줄 이미 알고 발을 끊었다고 했다. 고기밥 맛에 끌리어 절개를 팔고 이 꼴이 되었으니 죽으면 고기 맛을 못 잊어서 어쩌겠느냐는 야유가 숨었는지도 모른다. 그러나 이렇게 찾는 것은 우정이었다.

죄인은 수레에 다시 타고 형장으로 끌려가면서 탄식하였다. '소인기 소인기(少忍飢 少忍飢)하라'고…….

 변절자에게도 양심은 있다. 야당에서 권력에로 팔린 뒤 거드럭거리다 이내 실세(失勢)한 사람도 있고 갓 들어가서 애교를 떠는 축도 있다. 그들은 대개 성명서를 낸 바 있다. 표면으로 성명은 버젓하나 뜻있는 사람을 대하는 그 얼굴에는 수치의 감정이 역연하다. 그것이 바로 양심이란 것이다. 구복(口腹)과 명리를 위한 변절은 말없이 사라지는 것이 좋다. 자기변명은 도리어 자기를 깎는 것이기 때문이다. 처녀가 아기를 낳아도 핑계는 있다는 법이다. 그러나 나는 왜 아기를 배게 됐느냐 하는 그 이야기 자체가 창피하지 않은가.

 양가(良家)의 부녀가 놀아나고 학자 문인까지 지조를 헌신짝같이 아는 사람이 생기게 되었으니 변절하는 정치가들은 우리쯤이야 괜찮다고 자위할지 모른다. 그러나 역시 지조는 어느 때나 선비의, 교양인의, 지도자의 생명이다. 이러한 사람들이 지조를 잃고 변절한다는 것은 스스로 그 자임(自任)하는 바를 포기하는 것이다.

여름 방학엔 무엇을 할까
— 귀향하는 학생들에게 —

여름 방학이 눈앞에 다가섰다. 방학 때가 되면 누구나 부푼 꿈으로 찬란한 계획을 세우지만 방학이 끝나 돌아올 때는 그 계획이 하나도 뜻대로 이루어진 것이 없다는 탄식만을 갖고 오게 된다. 이러한 방학 계획이 부질없는 일임을 여러 번 경험하는 동안에 우리는 방학 동안의 계획은 숫제 세우지 않는 것이 현명한 일이라고 自處(자처)하게 되기가 쉽다. 그러나, 나쁜 일은 빨리 단념할수록 좋지만 좋은 일은 그 뜻이 꺾이든 말든 끈덕지게 붙들고 늘어지는 것이 더 좋은 일이다. 더구나 학문에서는 계획을 조리 있게 세운다는 그 자체가 공부요, 비록 그 계획이 성취되지 않는다 해도 손해날 일이 조금도 없는 것이다. 한꺼번에 다 이루지는 못하더라도 목표를 향해서 한 걸음 한 걸음 나아가는 것은 향상의 기쁨이 될 뿐 아니라 고난과 장애를 뚫고 되풀이하는 속에서 우리는 고귀한 인생을 배우게 되는 것이다.

이 성실한 꿈마저 잃어버린다면 이 삭막한 인생살이를 정말 어떻게 견딜 수 있을 것인가. 실패조차 공부가 되는 까닭에 학문에의 의욕은 현대에서도 거의 종교적인 법열의 손길을 지니는 것이다. 당초의 계획에 어긋날 때 느끼는, 자신과 환경에 대한 환멸과 실망을 적게 하자면 계획 자체를 최소한도의 가능성을 바탕으로 해서 짜야 한다. 다시 말하면, 전체의 목표를 세워서 그것을 여러 갈래로 작게 나누어 그 한 부분을 당면목표로 삼든지 전체와의 연관성 위에 몇 가닥을 잡아 방학 동안의 과제로 삼든지 두 가지 중의 어느 한 방법을 골라야 한다는 말이다.

그러나, 그 한 부분 또는 몇 가지의 자료 수집정리는 그대로 완결성을 지녀야 방학 동안 계획으로서의 성취감을 맛볼 수 있을 것이다.

여름방학은 계절적으로 겨울방학보다 정신노동에는 불리한 계절이다. 산으로 바다로 달리는 육체적 단련과 노동은 오히려 견디기가 쉽지만 외기(外氣)의 열을 무릅쓰고 책상머리에 붙어 앉아 논리적 추구에 몰두하기란 정말로 어려운 일이다. 그러므로, 여름방학 동안에 적합한 공부는 현지조사, 채집, 실습 등의 보고자료의 수집정리라 할 수 있다.

[이 다음에 우리 문화에 대한 조사를 권한다.]

사투리, 상말, 곁말, 우리말, 지명, 욕설, 놀림말, 놀이말, 민요, 구전동화요, 전설, 구전동화, 무당소리, 중노래, 내방가사, 민간신앙, 금기민속, 출산, 결혼, 상장 제사, 풍속, 시장(市場), 계(契: 맺을 계), 두레, 향약(鄕約), 민간요법 등 민속학의 여러 가지 분야는 어떤 학문을 전공하는 사람이든 다 할 수 있고 또 자기 전공과 관련되는 면의 이 분야의 조사는 꼭 해야 하는 것이다.

그 조사방법에는 예비지식이 있어야 하지만 채집조사 장소와 연월

일과 조사 제공자의 성명을 밝혀 두는 것만 잊지 않으면 그냥 닥치는 대로 조사해 두어도 뒤에 보람있는 일이 되는 것이다.

어쨌든, 이 여름에는 귀향하는 기쁨과 함께 민족적 자아반성, 곧 우리들 자신에로 돌아가는 마음을 찾자. 그것이 민족주체를 세우는 정신적 바탕이며 민족적 현실을 파악하는 첫 걸음이 되는 것이다. 너무 오랫동안 잃어버리고 잊어버린 우리의 고향, 우리의 문화에로 돌아가는 여름이 되게 하자. 이 마음을 기념하는 무슨 학문적 업적 하나를 선물로 들고 가을 새 학기에 학교로 모이기로 약속할 것을 권하고 싶다.

—1963년 6월 22일 〈고대신문〉

청춘의 특권을 남용하지 말라
― 대학생의 체모(體貌)를 위하여 ―

우리는 "법(法)앞에 평등하다"거나 "사람 위에 사람 없고 사람 아래 사람 없다"는 말들을 신조로 삼고 있다. 다시 말하면, 어떠한 개인이나 계층에도 특권을 인정하지 않는다는 말이다. 그러면서도 이러한 논리에서 보면 분명히 특권과도 같은 그 무엇을 대학생들에게만은 주고 싶을 때가 있다.

다른 사람은 할 수도 없고 해서는 안 되는 일을 학생들이 할 때 박수를 아끼지 않는 것은, 물론 다른 부류의 사람들이 하면 상을 찌푸리고 비웃고 욕할 성질의 것을 학생들이 할 때만은 귀엽게 봐 줄 뿐 아니라, 그것이 때로 상궤(常軌)를 지나치게 일탈(逸脫)하여 과오(過誤)를 범했을 때까지도 이를 용서하여 벌주고 싶지 않은 때가 있다. 무슨 까닭인가? 학생들의 굽힐 줄 모르는 그 싱싱한 패기, 메마를 수 없는 풍성한 꿈이 어울려 짜내는 그 무구(無垢)순결(純潔)한 동기(動機)를 너무도 잘 이해하기 때문이다.

싸움이라든가 술 마시는 일은 대학생이 아니라도 할 수 있는 일이다. 대학생의 싸움과 술은 다른 부류의 청년들과는 다른 그 무엇이 있어야 하지 않겠는가. 참고 참다가 못 견디어 터지는 의분(義憤), 쌓고 쌓다가 울적(鬱寂)을 푸는 호연지기(浩然之氣)는 애초부터 인격적 수련

(修練)을 바탕으로 하고 그와 병행해야 하는 것이다. 극언(極言)한다면 대학생의 싸움과 술은 그것도 하나의 공부여야 하는 것이다. 때와 곳과 사람을 가릴 줄 모르는 싸움과 주정은 낙제(落第)다. 20전후의 기운에 술 좀 과음했다 해서 제 정신 못 차리는 자는 술 마실 자격도 없는 자란 말이다.

'와일드' 정신이니 '막걸리 전통'이니 항상 논위(論謂)되지만 그것이 의기(意氣)와 강건(剛健), 실질(實質)과 소박(素朴)이란 진면목을 뒷받침하지 않는 한 그것은 깡패와 모주꾼과 가릴 바 없게 된다.

"싼 술을 마시되 높게 놀아라"고 불신의 시대에 스스로 면려(勉勵)하여 위신을 회복하고 상실되어 가는 특권을 지켜야 한다. 20이 못 되어도 대학생은 선비, 곧 지도자요, 40이 넘어도 대학생은 청년이다. 이성의 절제(節制)로써 방종(放縱)을 막고 패기(覇氣)의 배양(培養)으로 옹색(壅塞)을 열어 조화와 질서 안에 젊음을 구가(謳歌)하고 후회와 오점 없는 청춘회상(回想)곡을 마련하라.

아름다운 추억으로 이 캠퍼스를 영원히 제군의 마음 속에 남게 하라. 고난은 지나고 보면 아름다운 회억(回憶)이 되지만 불명예의 탈선, 고통까지 아름다운 것은 아니다. 이 젊음을 어떻게 뜻있게 누릴 것인가. 그건 쉬운 문제가 아니다. 차라리 대학생활의 전부가 이 명제(命題)에 달려 있다.

어떤 길이 바른 길인가?

1

 이것이냐 저것이냐. 이 길을 갈까 저 길을 갈까.
 이 영원한 과제 앞에 사람들은 저마다 회의(懷疑)하고 방황하고 또 고민하기로 마련이다.

 키에르케고르의 말을 빌리지 않더라도 우리는 누구나 다 망설임과 방황 끝에 스스로 선택한 길이 이내 우리를 뉘우침과 우수(憂愁)의 골짜기로 몰아 넣는 것을 무수히 체험해 왔다.

 그러나, 우리가 택한 길 이외의 어떤 다른 길을 택했더라면 그 길에도 마찬가지로 뉘우침이 따를 것을 생각하면 우리는 애초에 그 어느 길을 선택하는 것도 포기해 버리고 싶어진다.

 하지만, 역사는 끊임없이 흐르고 있고 사람은 그 역사 속에서 어느 방향으로든 가고 있으며 또 가야 한다. 여기에 우리가 어떤 길이든 스스로의 길을 선택하여 떠나가지 않으면 안 될 나그네로서의 숙명(宿命)이 있는 것이다.

 목적지를 향하여 장애를 피하면서 최단거리의 길을 희구하는 것은 모든 사람의 본연의 소망이다. 그러나, 예나 이제나 몰락의 길은 평이

하고 향상의 길은 간고(艱苦)하다. 눈앞의 평탄에 속아 절망의 길을 자취(自取)하지 말고 처음에는 험난하더라도 초극(超克)의 길을 잡아야 한다.

이 길을 갈까 저 길을 갈까, 그것은 언제나 너 자신이 이니셔티브를 쥐고 있다. 그러나 그것은 너 자신만의 길이 아니고 민족 전체의 길에 연결되어 있다.

이 길을 갈까 저 길을 갈까 하는 문제는 그 길의 도입구(導入口)에 대한 회의(懷疑)와 준순(浚巡)에 있지 않고, 그 길의 종착점에 펼쳐질 모든 가능성의시비(是非)우열(愚劣)에 대한 비교 검토에 있는 것이다. 회의와 준순으로 나태와 우수에 젖지 말고 신념과 자율로써 초극과 회심의 미소를 찾자. 이것이냐 저것이냐가 아니라 그 마음의 저 편에 있는 한 길을 붙잡아야 한다.

그 길은 의지의 일도(一刀)를 들어 양도(兩刀) 논법(論法)의 간지(奸智)를 타쇄타쇄(打碎)할 때만단연(但然)한 것이다.

2

우리를 유혹하는 모든 길―기성의 사상들은 저마다 그것이 역서적 필연성에 말미암은 것이라고 주장한다.

역사에 과연 필연성이 있느냐. 있다면 우리는 무위(無爲)한 채로 기다리면 될 것이요, 찾고 바꾸고 싶어도 마침내 속수무책의 결정론, 하나의 운명론에 떨어지고 말 것이다. 그러나, 역사는 인간의 역사요, 인간이 주체이기 때문에 자연계의 법칙처럼 인과율적(因果律的)이거나 정률(定率)적(的)이 아니다.

역사는 지나간 다음에 필연성을 찾을 수 있을지 모르나 적어도 현재의 역사에는 무한한 개연성(蓋然性)이 있을 뿐 필연성은 없다. … 역사적 현실은 언제나 역사적 전환점이기 때문이다.
… 역사적 필연성이라는 말에 현혹되지 말라. …

과학은 회의(懷疑)에서 출발한다는 것은 데카르트의 말이다. … 지성인을 자처하거든 남이 세워주길 기다리지 말고 자신이 먼저 회의하고 그 극복에 달라붙어야 한다.

배를 타고 바다 위를 떠돌고 있는 동안은 영원히 피안(彼岸)에 도달하지 못한다. 배를 버리고 언덕에 발부터 올려놓아야 한다. 호랑이 굴에 들어가 호랑이를 잡아본 사람은 아직 역사상에 보지를 못하였다.

3

두 가지 커다란 상반된 길이 놓여 있을 때 사람들은 대개 그 어느 길도 아닌 중간 길을 취함으로써 제3의 길을 찾고자 한다. 그것은 곧잘 절장보단(切長補短—긴 것을 잘라 짧은 것에 보충함)이니, 시시비비(是是非非)니 엄정중립(嚴正中立)이니, 중용지도(中庸之道)니 하는 이름으로 표방되고, 가장 공정하고 슬기로운 태도로 훤전(喧傳)된다.

그러나 이 중간의 길에 있어 자각하지 않으면 안 될 것이 두 가지가 있다. 역사상의 세력 투쟁에 있어 양극단(兩極端)이 서로서로 양보하여 절장보단(切長補短)으로 지양(止揚) 종합된 적은 한 번도 없다는 것이다. …

뿐만 아니라, 중용지도(中庸之道)란 것은 어느 쪽에도 치우치지 않는 수학적 의미의 엄격한 절반인 중간을 의미하는 것이 아니라는 점이다. 다시 말하면 중용지도는 오른쪽이나 왼쪽이나 어느 쪽이든 한 쪽에 치우치면서도 성립되는, 아니 그렇게 함으로써 오히려 더 실질적인 중용(中庸)이 될 수가 있는 것이다.

이러한 중간(中間)주의는 현실적으로는 너무나 비현실적이요, 이상주의로서는 너무나 비지성적(非知性的)이다. 그러므로 이 중간주의는 대개의 경우 허명(虛名)주의, 초연(超然)주의, 기회주의(機會主義)에 통하는 것이다.

어느 길을 찾을까 고민하는 사람은 그 고민이 무엇 때문인가부터 자각해야 한다. 어느 길을 가야 돈이 생길 것인가, 어떤 길을 잡아야 명예가 높아질 것인가를 생각한다면 그것은 또 그대로의 길이 따로 있을 것이다. 집을 팔든지 나라를 팔든지 남을 속여먹든지 그 가치관에는 아무런 주저와 허물도 없을 것이다.

그러나 길을 찾는 고민이 조국애(祖國愛)에 있거든 어느 때 어떤 방향에도 다 통해 있는 이 충성(忠誠)의 길을 잡아야 한다. 충성의 인(人)의 편이 되어야 한다.

이율곡의 양병(養兵)론은 후일 그것을 반대한 정적(政敵)들에게까지 선견지명으로 찬탄되었지만, 그 당시로는 꿈같은 이상론이었다. 조광조의 지치(至治)주의가 요계(堯季)에 요순(堯舜) 시대를 재현하려다 희생된 것을 더불어 우리는 이상으로서의 그들의 포부를 숭앙(崇仰)하지 않을 수 없다.

그런데도 불구하고 율곡의 양병론을 반대했다 해서 지금껏 훼폄(毁貶)의 대상이 되어있는 유성룡도 실지에 있어서는 임진(壬辰)의 국난(國難)에 조국을 수호한 제1인자라는 역사의 비꼬임을 간과할 수는 없을 것이다. 이충무공을 천거한 사람이 바로 유성룡이요 파천(播遷)간 선조(宣祖)가 압록강을 건너려 할 때 대가大駕()가 한 번 이 강을 건너면 이 땅은 다시 우리 땅이 되지 못한다는 明察(명찰)의 至言(지언)을 確執(확집)한 사람이 또한 유성룡임으로써다.

이와 같이, 그 언행의 근본이 충군(忠君), 애국(愛國)에 일관한 사람들에게는 비록 한때의 잘못 본 것이 있다 해도 한 사람을 두둔하기 위해서 그 다른 공을 엄폐(掩蔽)하는 것은 공정한 사관(史觀)이 아니다.

이 신념의 길에는 오직 백일(白日)의 단충(丹忠)을 비칠 뿐 일세(一世)의 오해가 두려울 바가 없는 길이다.

병자호란(丙子胡亂) 때 남한산성(南漢山城)의 치욕에 항서(降書)를 찢은 김상헌의 강개(慷慨)한 지절(志節)이 민족의 정기를 드높이 뻗쳤던 것은 누구나 아는 일이다. 그러나 생민(生民)은 도탄(塗炭)에 들고 치욕은 이미 결정적인 시기였지만, 누구 하나 유자(儒者)의 의리 때문에 항서(降書)를 주장하지 않았을 때 敢然(감연)히 항서를 들고 나와 찢어진 항서를 다시 주워 모은 일을 태연히 할 수 있었던 최명길도 아무도 욕할 수가 없는 것이다.

그는 주화론(主和論)자 임에도 불구하고 심양의 감옥에 끌려갔고, 거기서는 우리나라가 그동안 명(明)나라와 밀통한 책임이 자기에 있다고 모든 죄를 혼자서 도맡아 뒤집어씀으로써 청인(淸人)들로 하여금 철석(鐵石)같은 늙은이라고 감탄케 한 것은 오히려 그와 같은 신념의 인(人)이 아니면 능히 할 수 없는 존경에 값하는 광망(光芒)이었던 것이다.

김상헌과 최명길, 이 두 분은 심양의 옥 속에서 서로의 오해를 풀었다지만, 우리는 자칫하면 김상헌의 의기(意氣)를 찬양하다가 최명길의 신념을 잊어버리기가 쉽다. 그렇게 말한다면 김상헌이 돌아와 그 치욕의 조정에 다시 벼슬한 것은 그의 지조를 위하여 누가 된다는 것을 지적하지 않을 수 없을 것이다. 정동계 같은 이는 병자(丙子)의 치욕 후 곧 관직을 버리고 귀향하는 길에 산 속으로 들어가 그대로 죽고 말았던 것이다.

―1963년 3월 사상계(思想界)

대학이란 이런 곳이다.

— 신입생에게 주는 글 —

대학생은 여러 가지 의미에서 선택된 인재이다……

대학생활에 처음 발을 들여놓은 제군은 그 제도와 풍속과 분위기가 제군이 이때까지 경험한 학교생활과 달라 생소하고 당황하기도 할 것이요, 한편으로는 신기하고 흥미있기도 할 것이다. 제군은 먼저 이러한 점에 착안하여 어째서 그러한 제도와 풍속이 마련되었는가 하는 것을 간파해야 할 것이다. 왜냐 하면, 대학의 제도는 바로 대학교육의 이념을 구현하기 위한 바탕이기 때문이다.

교육(敎育)이란 가르쳐서 기르는 것이다. 양육(養育)이 먹여서 기르는 것 곧 육체적 성장을 돕는 것이라면, 교육은 정신적 성장 곧 지식의 계발을 이루는 것이다. 그러나 양육이든 교육이든 기른다는 것은 그 대상이 스스로 성장할 자체의 힘을 지닌 것이 아니면 안 된다. 스스로가 자라나는 생명이 없는 것은 기를 수도 없고 기른다고 하지도 않는다. 그러므로, 교육이란 말의 영어 'education'의 기원은 라틴말 'educare'에서 왔고, 그 뜻은 '끄집어낸다'는 것이었다. 타고난 성능을 이끌어내어 발달하게 하는 것이 교육이란 말이다.

그런데, 제군이 이때까지 받아 온 초, 중, 고등 12년간의 교육은 그것이 주입적이든 계발(啓發)적이든 간에 교사에 전적으로 위임되어 이루어진 교육이었음을 제군은 알 것이다. 그러나, 대학교육은 이와는 근본적으로 다르다. 대학은 일정하게 기르기만 하는 곳이 아니라 제대로 자라게 하는 곳이며 가르치기만 하는 곳이 아니라 스스로 찾게 하는 곳이다. 이렇게 교육과 연구를 병행한다기보다도 가르치는 것이 곧 찾게 하는 것이고 찾는 것이 곧 가르치게 하는 것이 되는, 교육과 연구가 나뉘어지지 않은 완전일체화의 경지를 지향하는 기관이다. 이런 의미에서 볼 때 교육의 진의는 대학교육에서 비로소 완성된다고 할 수 있다.

다시 말하면 제군이 이때까지 받은 학교교육은 실제 사회생활에 필요한 상식과 학구적 생활에 들기 위한 바탕으로서 선생에게서 배우는 면에 치중된 교육이었음에 비(比)해서 이제부터 받을 대학교육은 제군이 선택한 전공과목을 파고들어 정치(精緻)하고 광범한 지식적 체계와 교양의 성취(成就)로써 인격을 도야(陶冶) 완성하기 위한 자율적이요 창의적인 면에 치중한 교육이란 말이다.

만일 제군이 대학생활에서 선생의 강의에만 의존한다면 강의 진도의 지속(遲速)과 분량의 다과(多寡)에 놀라게 될 것이요, 4년간의 대학생활을 마침내 아무 소득 없이 마치게 될 것이다. 실상 웬만한 두뇌를 가진 사람이면 대학이란 놀고 지내기 지극히 편리한 곳이라 할 수 있는 것이다.

제군이 미리 알아두어야 할 것은 대학교수란 학문의 무진장(無盡藏)한 보고의 어느 한 부문에 들어가 자리잡고 앉아서 그 무엇을 찾는 사람이요 그 부문의 문을 열고 나중 들어오는 사람을 안내하고 설명하는 사람에 지나지 않는다는 것이다. 여기를 뒤지면 누구의 무슨 학설이 있고 그 이론은 무엇을 어떻게 다루었다는 것을 설명함으로써 그 득실과 정부(正否)를 비판한다. 그러나, 교수는 자기의 학설을 강요할 수 없으며 학생은 그 비판마저 비판의 눈으로 받아들인다.

그러므로, 대학에서 배우는 사람은 그 스승의 안내와 지도를 받아 자기의 길을 찾지만 자기의 자리를 정한 다음에는 뒤에 오는 사람에게 그 보고를 안내하고 설명하는 체계와 방법에 있어 자기가 안내 받고 설명 받은 스승의 체계와는 다른 별개의 방법으로 바꿀 수도 있는 것이다. 그것이 계승이든 창의이든 간에 학문에서는 자기가 체득한 자기의 체계만이 중요한 것이다. 이것이 없이 무조건 계승의 타성(惰性)만이 있다면 그 대학은 무의미한 것이요, 그 교육은 병신 교육이며, 그 나라의 학문 문화의 발전이 없을 것이다.

또 만일 제군이 자율적인 공부에만 기울이고 강의를 도외시한다면 제군은 능히 4년 동안 대학강의에서 배우는 분량의 몇 갑절을 1년 안에 독파할 수도 있을 것이다. 이렇게 되면 대학은 있으나 마나 한 것으로 생각될 것이다. 그러나, 독서에도 법이 있다. 무엇을 읽고 어떻게 읽는 것은 그 방면의 공부를 먼저 밟은 사람만이 아는 법이다.

남의 경험을 발판으로 한다는 것은 인류문화 발전에 사반공배(事半功倍; 일은 반만 하면서도 공은 배가 되는 것)의 이(利)를 준 원리요 이해와 비판 섭취(攝取)에 있어 전인(前人)의 지식은 지침이 될 뿐 아니라 그

실패와 오진(誤診)까지도 감계(鑑戒)가 되어 혼자서 공부하는 것과 배우는 것의 차이는 천양의 사이인 것이다.

또다시 말하면, 결국 대학에서는 강의 노트나 교재의 문구에서 나타난 것을 배우는 것보다도 그 문장의 행간에 설명으로 끼우는 여백의 강의가 더 중요하며, 칠판(漆板)에 쓰는 글이 중요하며 그보다도 학문에 대한 생생한 체험담은 다른 곳에서 얻을 수 없는 것인 만큼 더 귀하다. 질의를 통해 주고받는 산지식과 학문으로써 이루어지는 사제간과 동창간의 정의(情誼)와 그런 것이 어울려 빚어내는 분위기는 지상의 열락(悅樂)이요 이득(利得)이라 하지 않을 수 없다. 제군은 이것을 찾아 대학생활에 발을 들여놓았다는 것을 자각하고 그것을 찾아 전심하기 바란다.

여담(餘談) 하나를 붙인다. 어떤 학생이 대학을 졸업할 때 4 년 동안에 아무것도 배운 것이 없으니 졸업장을 받지 않겠다고 졸업장을 학교에 환납했다. 선생이 그를 불러 이렇게 말했다고 한다.

"아무 것도 배운 것이 없다는 것―자기가 아는 것이 너무도 적은 것을 깨달았다는 그 자체가 바로 4 년 동안에 배운 것이다."라고.

참으로 지언(至言)이다. 공부란 이런 것이다. 대학이란 이런 곳이다. 제군의 앞으로의 대학생활이 풍성한 꿈으로 넘치기 바란다.

우익좌파(右翼左派)

이건 해방 직후의 일이다. 천하 사람이 모두 다 일조에 혁명가와 정객이 되어 남녀 노유가 함께 휘돌 때의 일이다. 부모 형제가 당파가 갈리고 행주좌와(行住坐臥)가 무비정론(無非政論)의 시절이었다.

누구나 아는 일이지만 그 때는 이른바 진보적 민주주의(사실은 계급 독재주의의 동의어)란 양두구육(羊頭狗肉)의 그 양두인 진보 두 자 바람에 제 딴에 똑똑하다는 패들은 모두 좌익투사연하며 독립주의자들을 우익이라 불러서 갖은 욕설과 모해를 감행하였다.

바로 그 무렵의 일이다. 오래간 만에 만난 친구 두 사람이 거리에서 만나게 되었다. 그 중의 한 사람인 급조 공산주의자는 대뜸 그 친구를 붙잡고 좌우익 시비를 주로 하는 그 정론일장(政論一場)을 시(試)한 다음 친구의 소식을 물었다. 거기에 대한 대답이 천하일품이다.

"난 요즘도 민주당을 하네."

묻던 친구의 놀람이 이만저만이 아니었다. 그 때 민주당은 한국민주당으로 우익정당의 선봉이었기 때문이다.

"자네같이 깨끗하게 지내 온 사람이 친일파, 민족 반역자, 미군정의 주구 노릇을 하다니 그게 무슨 말인가. 빨리 자기비판하고 탈당하게. 그게 될 말인가 글쎄…."
"난 민주당을 하지만 그래도 좌파야…."
"예끼 사람, 민주당은 천하가 다 아는 극우인데 그 안에 있으면서, 좌파가 다 무슨 좌파야. 자네가 봉건잔재와 국수주의자에게 굴종한다는 것은 아무리 생각해도 이해가 안 되네."

이번에는 아무 대꾸도 없이 공연히 흥분하는 이 좌익투사를 이끌고 오래간 만에 술이나 한 잔 나누자고 옆 골목 빈대떡 집으로 들어갔다. 자리를 잡고 나서 민주당파가 하는 말은 이러했다.

"여기가 우리 당 본부야."

영문을 모르고 눈이 둥그래진 좌익 씨에게 술잔을 권하면서 그는 이렇게 말했다.

"난 요즘도 막걸리를 마시네. 막걸리는 백성이 마시는 술이니 민주(民酒) 아닌가. 그러니 난 민주당(民酒黨)이란 말일세."

그제사 말뜻을 안 좌익 씨 왈,

"그럼 좌파는 또 뭔구?"

"것도 모르나, 옛날엔 선술집에서 먹으니 입파(立派)였지만 요즘은 빈대떡 집에서 앉아서 마시니 좌파(座派) 아니구 뭔가?"

우익좌파(右翼左派), 그는 실상 막걸리당 빈대떡 파였다.

—〈신태양〉, 1956년, 7월호

호상비문(虎像碑文)[8]

※고려대학교 응원가 '민족의 아리아'의 모티브가 되었음

민족(民族)의 힘으로 민족(民族)의 꿈을 가꾸어 온

민족(民族)의 보람찬 대학(大學)이 있어

너 항상(恒常) 여기에 자유(自由)의 불을 밝히고

정의(正義)의 길을 달리고 진리(眞理)의 샘을 지키나니

지축(地軸)을 박차고 포효(咆哮)하거라

너 불타는 야망(野望) 젊은 의욕(意慾)의 상징(象徵)아

우주(宇宙)를 향한 너의 부르짖음이

민족(民族)의 소리되어 메아리치는 곳에

너의 기개(氣槪) 너의 지조(志操) 너의 예지(叡智)는

조국(祖國)의 영원(永遠)한 고동(鼓動)이 되리라

---

[8] 고려대학교의 대학원도서관과 백주년기념관 사이에 있는 호랑이 상인 '호상'의 받침대 뒷면에 있는 비문(碑文), 고려대학교의 응원가인 민족의 아리아의 원가사가 이 호상비문이다.

청록파의 문학사적 의미망

최동호
(고려대학교 명예교수, 대한민국 예술원 회원)

청록파의 문학사적 의미망

최동호

1. 청록파의 문학사적 의미

《청록집》 발간 60주년을 맞아 2006년에 발표한 〈청록파 조지훈의 시적 계보와 역정〉에서 필자는 청록파의 문학사적 의미를 다음과 같이 말한 바 있다.

1946년 《청록집》이 발간되었다. 그것은 오늘에 돌이켜보면 문학사적 사건이다. 박목월, 박두진, 조지훈 등 약관의 세 시인이 합동으로 간행한 이 시집은 해방 직후 정치적 소용돌이 속에서 순수 서정의 세계에 대한 탐구를 보여주었다는 점에서 문단의 주목을 받았다. 김동리는 '자연의 발견'이라는 관점에서 이들의 시를 요약하였는데 이는 이들의 시가 지닌 특징을 집약적으로 나타낸 것이라 해도 과언이 아니다. 그런데 이들 세 시인이 형상화한 자연은 김소월이나 한용운이 보여 준 세계와는 다른 것으로서 그것은 어디까지나 인간의 삶을 통해 재해석된 자연이며, 그 자연을 새롭게 보는 인간적 서정의 표현이라고 하겠다.

이들 세 시인이 합동으로 시집을 냈다고 하더라도 그들의 시 세계는 서로 다른 성향을 가지고 있다고 하겠는데 박목월의 향토적 서정, 박두진의 묵시론적 비전, 조지훈의 회고 취미와 선 감각 등으로 설명된다. 그러나 그들이 공통적으로 추구하는 것은 세속의 명리나 현실에의 집착이 아니라 인간의 순수한 감정을 고도로 조탁된 언어로 표현하고 있다는 점에서 남다른 시사적 의미를 갖는다고 하겠다.

위의 발언은 김동리(1947)의 견해를 발판으로 청록파의 문학사적 의미를 개진한 것으로써 청록파로 지칭되는 세 시인의 개별적 특성도 아울러 지적한 것이다. 그 후 필자는 〈시문학 파와 정지용〉이란 소론에서 아래와 같은 시각을 펼친 바 있다. 이는 종전의 논의를 좀 더 확장한 것으로 20세기 전반의 시문학파와 20세기 후반의 청록파를 연결시켜 그 문학사적 의미를 조망한 것이다. 후자에 이르러 청록파의 의미망을 조망하는 필자의 시각이 20세기 전반으로 확대되었던 것이다.

청록파가 시문학 파의 후계자라고 말할 수 있는 것은 그들이 단순히 정지용의 추천으로 문단에 등단했다는 것만을 염두에 두기 때문은 아니다. 시적인 지향점에서 그들의 문학적 의미가 시문학 파의 정신적 후계자로서 연속되기 때문이다.

다시 말하면 박두진은 정지용의 산문 시체와 종교적 신앙 시를, 조지훈은 박용철의 유기체적 시론과 정지용의 고전적 취향을, 박목월은 김영랑의 음악성과 향토적 요소를 발전시켰다고 보는 것이다. 한 예를 들어 박용철의 비평 〈시적 변용에 대해서〉는 조지훈의 《시의 원리》(1959)에 이르러 체계화되었다는 것이다. 물론 시적 개성이나 특징들은 기본적으로 청록파 개개인의 기질이나 취향으로부터 형성된 것이지만 시문학 파가 이루어 놓은 문학적 성과를 전제하지 않고서는 그들의 길을 전진적으로 개척해 나가기 힘들었을 것이다.

20세기의 문학사에서 청록파를 돌이켜 보고 다시 20세기가 10년여 지난 2016년 청록파의 문학사적 의미를 구상하게 되니 청록파의 문학사적 파장이 앞으로 지속적 생명력을 가질 것이라는 예감을 피할 수 없다. 또한 조지훈의 거처였던 성북동에서 《청록집》 발간 70주년 행사를 한다고 하니 청록파의 문학사적 의미를 조망하는 동시에 조지훈을 중심으로 박목월과의 관계를 떠올리게 된다. 조지훈의 자필 이력서에 의하면 그는 성북동 60번지 44호에 거주한 것으로 되어 있는데 그는 당호를 '방우산장(放牛山莊)'이라 명명했는데 이는 북쪽 성곽 부근에 있는 한용운의 '심우장(尋牛莊)'을 다분히 의식한 이름이다. 조지훈의 초기 시편은 물론 후기의 대표작 〈범종〉과 〈병에게〉를 이곳에서 창작했다는 사실도 중요한 일이라 하지 않을 수 없을 것 같다. 박목월과 조지훈의 인연은 경주에서 시작되어 성북동에서 마무리되는 등 청록파의 중요한 산실이 성북동이기 때문이다.

2. 〈완화삼〉과 〈나그네〉의 발신과 수신

정지용의 추천으로 1940년에 갓 등단한 조지훈과 박목월은 식민지 말기의 혹독한 현실 앞에서 당장 눈앞의 내일을 예측할 수 없는 상황에 처해 있었다. 이 막막한 심정을 호소하기 위해 조지훈은 생면부지의 박목월에게 편지를 보냈고 이에 화답하는 목월의 편지로 인해 조지훈은 어느 봄날 불현듯 경주를 방문하게 되었다. 1942년 봄 목월은

'조지훈'이란 이름을 크게 써서 경주역에서 지훈을 맞이했고 지훈은 한 달 정도 경주에 체류하면서 불국사, 석굴암 등을 탐방하고 신라의 옛 문화에 깊이 침잠하는 시간을 가졌다.

경주를 방문하고 고향으로 돌아간 조지훈이 먼저 목월에게 시를 써 보냈다. 식민지 말 낙백한 청년 시인 조지훈의 고뇌가 담긴 〈완화삼〉은 '목월에게'라는 부제가 붙어 있어 발신자와 수신자가 분명하다.

    차운산 바위 위에 하늘은 멀어
    산새가 구슬피 울음 운다.

    구름 흘러가는
    물길은 칠백 리(七百里)

    나그네 긴 소매 꽃잎에 젖어
    술 익는 강마을의 저녁노을이여

    이 밤 자면 저 마을에
    꽃은 지리라

    다정하고 한 많음도 병인 양하여
    달빛 아래 고요히 흔들리며 가노니
                                —〈완화삼〉 전문

1942년 봄 두 시인의 만남 직후에 지훈은 〈완화삼〉을 썼을 것으로 짐작되며 당시 목월에게 편지로 보냈을 터지만 지면에 발표하지 못하고 있다가 결국 광복 다음 해인 1946년 5월《상아탑》에 발표했다. 이 시가 단순히 울분을 토로한 시로 그치는 것이 아니라 문학사적 의미를 갖게 된 것은 박목월의 화답 시 〈나그네〉가 있기 때문이다.

강나루 건너서
밀밭 길을

구름에 달 가듯이
가는 나그네

길은 외줄기
남도(南道) 삼백리(三百里)

술 익는 마을마다
타는 저녁놀

구름에 달 가듯이
가는 나그네

―〈나그네〉 전문

박목월은 이 시가 조지훈의 〈완화삼〉 답가임을 말하기 위해 '술 익는 강마을의 저녁 노을이여'라는 명구를 부제로 인용하고 있다. 시각적 후각적 이미지의 탁월한 결합으로 높은 형상성을 보여주는 이 구절은 분명 뛰어난 언어 능력을 나타내고 있다. 조지훈의 우정이 넘치는 시를 보고 연상 작용을 일으켜 박목월이 〈나그네〉를 썼다는 것도 기록할 만하다. 이 두 편의 시는 시적 순도로 보아도 매우 높은 경지에 있으며 청록파 조지훈과 박목월의 우정을 매개로 하고 있다는 점에서도 눈여겨보아야 할 작품임이 틀림없다.

3. 청록파 조지훈의 〈범종〉 그리고 유고작 〈병에게〉

광복의 소용돌이 그리고 6·25의 처참한 현장을 경험하고 자유당 정권마저 4·19로 무너진 다음 60년대에 들어서자, 조지훈은 시 창작이나 현실 참여보다는 학구적 저술에 많은 힘을 기울인다.《지조론》(1962),《한국민족운동사》(1963),《한국문화사 서설》(1964),《멋의 연구》(1964) 등이 그 주요한 성과이다. 다시 말하면 한국학 진흥의 선구자가 된 것이다. 그런 까닭에 후기 시가 부진하다는 평가가 일부 있는 것도 사실이다. 그러나 후기 시편 중에서 1964년의 〈범종〉 그리고 1968년 5월 작고 후 발표된 〈병에게〉 등은 지훈의 뛰어난 시적 역량이 후기까지 지속되었음을 유감없이 보여주는 역작이다. 이 두 편의 시가 모두 성북동에 거주하던 기간에 창작되었다는 것을 여기서는 간과할 수 없다.

무르익은 과실(果實)이

가지에서 절로 떨어지듯이 종소리는
허공(虛空)에서 떨어진다. 떨어진 그 자리에서
종소리는 터져서 빛이 되고 향기가 되고
다시 엉기고 맴돌아
귓가에 가슴속에 메아리치며 종소리는
웅 웅 웅 웅 웅……
삼십삼천(三十三天)을 날아오른다
아득한 것

종소리 위에 꽃방석을
깔고 앉아 웃음 짓는 사람아
죽은 자(者)가 깨어서 말하는 시간
산 자(者)는 죽음의 신비(神秘)에 젖은
이 텅하니 빈 새벽의
공간(空間)을
조용히 흔드는
종소리
너 향기로운
과실(果實)이여!

―〈범종〉 전문

1964년에 간행된 시집 《여운》에 수록된 이 시에는 범종의 소리가 무르익은 과실로 자연스럽게 표현되어 있다. 청각을 향기로 표현하기 위해 오랜 인간적, 시적 침잠의 시간이 있었을 것으로 짐작되는데 아마도 오대산 월정사 시절의 선방 체험이 무르녹아 소리와 향기로 되살아났다고 볼 수 있을 것이다. 여기에는 생사의 고뇌를 넘어서는 사유와 이를 받아들이는 무르녹은 인생 경험이 모두 자연스럽게 발효되어 새벽의 공간을 형성되고 있다는 점에서 한국 불교 시의 한 형이상을 유감없이 나타내고 보아도 무리가 없다.

60년대 중반 이후 조지훈은 지병에 시달리고 있었다. 특히 기관지 계열의 병이 심해져 있었다고 한다. 그의 유고작 〈병에게〉는 지병의 고통을 끌어안고 살아야 하는 자신의 마음을 위로하면서 이를 넘어서는 초탈의 경지를 보여주고 있다는 점에서 주목되는 작품이다.

어딜 가서 까맣게 소식을 끊고 지내다가도
내가 오래 시달리던 일손을 떼고 마악 안도의 숨을 돌리려고 할 때면
그때 자네는 어김없이 나를 찾아오네.

자네는 언제나 우울한 방문객
어두운 음계(音階)를 밟으며 불길한 그림자를 이끌고 오지만
자네는 나의 오랜 친구이기에 나는 자네를
잊어버리고 있었던 그동안을 뉘우치게 되네

자네는 나에게 휴식을 권하고 생(生)의 외경(畏敬)을 가르치네
그러나 자네가 내 귀에 속삭이는 것은 마냥 허무(虛無)

나는 지그시 눈을 감고, 자네의
그 나즉하고 무거운 음성을 듣는 것이 더없이 흐뭇하네

내 뜨거운 이마를 짚어주는 자네의 손은 내 손보다 뜨겁네
자네 여윈 이마의 주름살은 내 이마보다도 눈물겨웁네
나는 자네에게서 젊은 날의 초췌한 내 모습을 보고
좀 더 성실하게 성실하게 하던
그날의 메아리를 듣는 것일세

—〈병에게〉 첫 부분

  이 시에 나타난 지훈의 초탈한 자세는 달관에 가까운 것으로서 거기에는 거짓도 허세도 없다. 느리지만 담담한 서술로 인해 병고를 떨쳐버리는 것이 아니라 이를 달래고 어루만져 친구로 삼아 생을 살아가는 시인의 의지가 감동적이다. 자신의 삶을 총체적으로 회고하고 이를 돌아보는 관조적 자세는 나직하고 음울한 어조로 들려온다.

  초기작 〈승무〉에서 말한 바 그대로 파란만장한 세사와 더불어 오랜 병고를 이겨내고 인간의 번뇌를 별빛으로 깨달은 생의 외경에 대해 이 시가 나지막하게 말하고 있다는 점에서 우리는 주목해야 할 것이다. 이것이 만년의 지훈 시를 대표하며 이는 그의 서정시가 도달한 정점이자 마지막 귀결점이다.

4. 청록파와 백 년 후 서정시

이 글의 서두에서 인용한 것처럼《청록집》60주년을 기념하는 자리에서 필자는 다음과 같은 전망을 던져본 적이 있다. 이는 다시 말하면 시의 미래와 인간의 미래를 조망하면서 시의 위기를 동시에 지적한 것이다.

《청록집》100주년을 맞이하면 어떤 일이 시작될까 하는 의문이 제기된다. 디지털 시대는 더욱 심화되어 누구도 시를 읽지 않는 시대가 되어 있을지도 모른다. 어쩌면 복제 인간이 인간으로서 세상을 살고 있다면 그러한 세상에는 시가 절대로 필요불가결하다는 것이다. 시는 인간이 인간으로 존재한다는 중요한 징표이다. 시가 사라지면 인간의 인간적인 면은 지상에서 사라지고 말 것이다. 오늘의 시적 상황은 이런 상황을 더욱 부채질하고 있다는 느낌을 부인하기 어렵다. 시를 일회용 소모품으로 취급하거나 시의 위의를 격하시키는 일을 시인들 자신이 행하고 있다. 이러한 일종의 자해 행위는 시적 정통성이 흔들리는 상황에서 더욱 발호할 것이다. 시적 정통성의 확립이야말로 그러한 혼란을 더욱 극복하게 만들어 줄 것이다. 순수 서정시를 통한 시적 정통성의 확립은 해방 시단의 과제이기도 했으며 오늘의 과제이기도 하다. 청록파의 시적 정통성은 지용 시로부터 발원하는 20세기 한국 현대 시의 핵심적인 명제이며 거슬러 올라가면 한용운 그리고 황매천의 시로부터 제기된 시적 명제의 황금 부분이기도 하다.

《청록집》70주년을 맞아 이를 다시 생각해 보니 위에서 말한 필자의 의문이 좀 더 심화되었다고 말하지 않을 수 없다. 특히 인공지능이 세상을 지배하리라는 예측이 우리를 더욱 우울하게 만든다. 앞으로 인공지능이 눈부시게 발전할 것이며 바둑만이 아니라 피아니스트, 변호사, 의사는 물론이고 시를 쓰는 인공지능이 탄생하리라는 전망도 우세하다. 인공지능의 영역이 확장될수록 인간의 영역은 좁아지리라고 판단되는데 여기서 역설적인 것은 그로 인해 오히려 인간적인 것에 대한 갈망도 증폭되리라는 것이다.

기술문명이 첨단적으로 발전해 갈수록 인간은 치유 불가능한 정신적 질병에 시달릴 것이며 이를 치유하는 힘은 문화예술로부터 나올 것이다. 그런 점에서 볼 때 청록파가 보여준 순수 서정시는 더욱 빛을 발하게 될 것이며 그 결과 청록파의 생명력 또한 더 크게 자리 잡을 것이다. 인간이 시를 포기하지 않는 한 한국인들에게 청록파의 시는 영원한 마음의 고향으로 살아 있을 것이라 여겨지며 조지훈의 시는 창작의 산실인 성북동과 더불어 꺼지지 않는 생명력을 가질 것이다. 어찌 보면 성북동이야말로 한용운, 조지훈 등은 물론 김환기, 김용준 등 한국 근대 화가들의 고향이기도 하다. 근대문화의 본향으로 성북동을 발전·승화시키는 것은 후인들의 당연한 과업이다.《청록집》70주년을 계기로 성북동에서 왕성하게 펼쳐져 나가 성북동이 한국의 명소가 되기를 소망한다.

박목월
박두진
조지훈

한 권으로 읽는 청록파

펴낸 날	2023년 9월 25일
발행처	삼사재
발행인	이정숙
편집책임	이성봉
디자인	페이퍼컷 장상호

ISBN 979-11-970644-6-3 03810

· 잘못된 책은 구입하신 서점에서 바꿔드립니다.
· 책값은 뒷표지에 있습니다.